ちくま新書

東大生の論理

——「理性」をめぐる教室

高橋昌一郎
Takahashi Shoichiro

881

東大生の論理――「理性」をめぐる教室【目次】

はじめに

「東大で論理学の講義を担当してみないか」という話が舞い込んできたのは、二〇〇八年、晩秋のある日のことである。まさか私のようなアメリカ帰りのアウトサイダーが東大で講義するなどとは夢にも思っていなかったので、心底驚いたというのが最初の印象だった。

ちょうどその翌日、情報文化研究会のミーティングが開催された。この研究会は、専門の枠にこだわらず自由闊達に議論できるようにと十数年前に仲間と一緒に設立したもので、多彩な分野の若手研究者や大学講師が集まっている。

その席でメンバーに尋ねてみると、「一度でいいから、ボクも東大の教壇に立ってみたいものです。優秀な学生ばかり揃った教室で教えるのは、さぞかし気持ちがいいことでしょう」という積極派と、「いえいえ、とんでもない。偏差値の高い優等生ばかりが集まっている教室なんて嫌だな……。いろいろと面倒な質問してきそうだし、ワタシは遠慮したいですね」という消極派の二つに分かれた。

正直言って私も迷わなかったわけではないのだが、東大サイドの事情によれば、現在科目を担当している講師の都合により、とりあえず一年だけピンチヒッターを務めてほしいということなので、それならばどうにかなるだろうと、せっかくの機会でもあることから、謹んでお引き受けすることにしたのである。

さて、東大の学生は、文科一類・二類・三類、理科一類・二類・三類の六類に分かれて入学し、「前期課程」とよばれる最初の二年間は、主として「基礎科目・総合科目・主題科目」を学習することになっている。年度は四月〜九月の「夏学期」と一〇月〜三月の「冬学期」に分けられ、東大生全員が、少なくとも四学期を駒場キャンパスで過ごすわけである。

「基礎科目」では外国語二カ国語や情報処理やスポーツ身体運動など、「総合科目」では「A思想・芸術、B国際・地域、C社会・制度、D人間・環境、E物質・生命、F数理・情報」の六分野に分類された各々二〇〜三〇の科目群から選択、「主題科目」では複合領域科目や自由研究ゼミナールなどを履修するカリキュラムになっている。

というわけで、私は、二〇〇九年度夏学期、東京大学駒場キャンパスで、総合科目「A思想・芸術」の「現代哲学」に分類される科目「記号論理学」の講義を行った。この授業を登録できるのは理科の学生のみだが、毎回の平均受講者数は、文科の聴講生も含めて二〇〇名前後だった。そのうち、成績評価の必要な正規の登録者数は一六九名であり、最終成績は「優」が六三名、「良」が五二名、「可」が三二名、「不可」が二二名という結果だった。

私の成績評価は、試験に加えて出席と授業時提出のコメント評価なども含めているため、それほど甘いものではない。だが、それでも七割近くが「良」以上の評価だったということは、クラスの学生諸君が抜群に優秀だったことを示している。

そればかりでなく、私は、ほとんど毎回の授業中、東大生諸君とのディスカッションを通して、予想を遥かに超えた彼らの「天才・秀才・奇才的発想」に何度も驚かされたのである。

本書は、そこから浮かび上がってきた「東大生の論理」について、私なりに考察を加えた結果である。東大生の発想はどこが違うのか？　彼らは、いかなる論法で考えているのか？　何を基準にして物事を判断しているのだろうか？

もちろん本書では、講義内容の専門的な「記号論理学」をカバーするつもりはない。内容としては、毎回の講義の導入のために拙著『理性の限界』に関連したテーマを取り上げた際のエピソードが中心になっている。いわば、東大講義の「さわり」の雰囲気を伝えるエッセイ集のようなものなので、その点をご理解いただいたうえで、ご一緒にお楽しみいただければ幸いである。

†東大とは何か

それにしても、「腐っても鯛」が転じて「腐っても東大」と言われることもあるほどブランド価値の高い「東大」とは、いったい何なのだろうか……。

そもそも東京大学の起源は、一六八四年に江戸幕府が設立した暦や天体などの物理現象の研究機関「天文方」にまで遡ることができる。[1] それに、一七九七年に設立された教育機関「昌平坂学問所」と、一八五八年に設立された天然痘の医療機関「種痘所」を加えた幕府直轄の三つの機関が、明治元年の一八六八年には「開成学校・昌平学校・医学校」として再編成され、それぞれ洋学・国学・医学の教育研究を行うようになった。

それらの三機関が基盤となって、一八七七年四月一二日、日本で最初の総合大学としての「東京大學」が誕生した。その後、一八八六年には、法・医・工・文・理の五分科大学を総合する「帝國大學」と改称、一八九七年には、京都帝國大學の創設に合わせて「東京帝國大學」と改称し、第二次大戦後の一九四七年に「東京大学」と現在の名称になった。

この経緯にも表れているように、東京大学は本来「国家の大学」であり、日本のあらゆる方面における指導者を育成するための教育研究機関として位置づけられてきたのである。

実際に、日本の第九三代までの歴代総理大臣の出身校を見渡すと、東大卒は二八代に及び、二位の早大卒の七代を大きく上回っている。[2] 二〇〇七年度の国家公務員Ｉ種合格者データでは、やはり東大卒の四五七人が、二位の京大卒の一七七人を圧倒的に上回っている。歴代最高裁判所長官にいたっては、初代を除いて現在の一六代まですべてが東大卒である。つまり、日本の立法・行政・司法の三権に関わる中枢には、必ず東大卒業生が君臨しているのである。

東大のスケールが他大学に比べても桁違いであることは、年間二〇〇〇億円を超える経常費用からも明らかだろう。東大には、本郷・駒場・柏と三つのキャンパスがあるが、本郷キャンパスだけでも東京ドーム約八・六個分の敷地面積がある。そればかりでなく、日光の「付属植物園日光分園」や山中湖畔にある「山中寮」や「付属富士演習林」など、保養地に出かけても「東大付属」の名前がついた施設を見かけることが多い。

調べてみたところ、最北端の「北海文化研究常呂実習施設」から最南端の「奄美病害動物研究施設」まで、東大に付属する研究所・実験所・観測センター・セミナーハウスなどの拠点は全国に五一カ所あり、その総面積は約三億三〇〇〇万平方メートルに達することがわかった。驚くべきことに、日本の国土の約一〇〇〇分の一は、東大の敷地なのである！

†東大生とは何か

明治時代以来、日本では東大をヒエラルキーの頂点とする教育研究組織のピラミッド構造が形成されているため、日本各地の最優秀な高校生は、当然のように東大を目指すということになる。東大に何人を合格させたかによって、高校や予備校や進学塾のレベルが測られるようになり、とくに一〇〇名を超える東大合格者を生み出すような中高一貫校は、爆発的な人気となる。それらの有名受験校に子供を入学させるために、小学校や幼稚園から「お受験」競争が始まるわけである。

二〇一〇年二月には、茨城県の県立高校の同窓会が、東大合格者に一年分の授業料を支給するという制度を設けて波紋を呼んだ。[3] この高校は、明治時代に創設された伝統校なのだが、近年は地元の優秀な中学生が私立高校へ進学するケースが増え、東大を受験する卒業生も数えるほどに減少してしまった。そこで生徒の意欲を高め、名門校復活の象徴とするために、「東大合格」を掲げたというのである。

公立学校の同窓会が、特定の大学進学者にのみ現金を支給するという制度に対しては、疑問や批判の声も上がった。同窓会内部でも、当初は「難関校」進学者に授業料や入学金を支給するという案もあったが、学校名を明示する方が後々揉めないということで「東大」に決着したという。このような事例にも、東大が日本の難関大学のシンボルとして認識されている様子が表れている。

三月の大学合格発表シーズンになると、さまざまな週刊誌が「大学合格者速報」や「高校別ランキング」といった特集を組むが、そこでも話題の中心にあるのは東大である。二〇一〇年春の特集で目についたものを例にとると、「東大までの人、東大からの人」、「東大に行ける子供、行かせる学校」、「東大合格『受験戦線』に異状あり」などなど……[4]。

それらの記事のなかに、「研究において最高のパワーは、東大理系の学生たち。世界で最も優秀な集団です。これほど基礎学力を持ち、当たり外れのない集団は世界でも他にはない」という東大工学部教授の古澤明氏の発言があった。古澤氏といえば、東大卒業後、カリフォルニア工科大学で世界最初に量子テレポーテーション実験を成功させたノーベル賞候補者であり、その発言にも重みがある。

東大理科の学生の中には、小学校時代にすでに微分積分の問題を解いていたとか、高校時代に世界の天才が集まる数学オリンピックに出場し、満点の成績で金メダルを取ったという天才がいる。彼らからすると、東大入試の数学など「比較にならないくらいやさしかった」ということで、大学在学中に数学の新たな定理を発見し証明したり、「信じがたい量の勉強をあっけなくこなしてしまう」学生も珍しくはないという。

もちろん、東大文科にも、中学時代から原書で文学書や哲学書を読んでいたとか、英語・フランス語・ドイツ語を日本語と同じように自在に話せるといった次元の違う学生たちがいる。在学中に、司法試験や公認会計士試験などの難関国家試験に合格するような東大生も毎年のように出現する。

しかし、その一方には、「車輪組」と呼ばれる東大生もいるそうだ。作家ヘルマン・ヘッセの『車輪の下』といえば、地方で神童ともてはやされた青年が、都会のエリート学校に進学するが挫折して退学、故郷に戻って機械工になり、仲間と慣れない酒を飲んで酔って川に落ちて溺死するという悲惨な小説である。週刊誌には「郷里の神童も駒場ではただの人」という見出しがあったが、なかには運命の車輪に翻弄される東大生もいるということなのだろうか……。

また、学力中心の前期試験ではなく、論文や総合科目などを重視する後期試験の合格者は、「たまたま東大に受かってしまった」と揶揄されて「裏口組」と呼ばれることもあるそうだ。彼らは「基礎学力が足りていないので、大学の授業についていけない可能性が高い。そして、コンプレックスを抱き、東大生の輪に入れなくなる学生もいる」と指摘する記事もあった。

さて、私は普段ほとんど週刊誌を読まないので、東大生の内部にこのような「格差」があるということを知ったのも、ごく最近のことである。[5] というより、私が東大に関心を持って調べてみたのは本書を執筆するためであって、昨年の今頃、実際に東大で講義していた際には、学生に関する知識も先入観もまったくなかった。はなはだ迂闊なようだが、今思えば、かえってそのおかげで、彼らとの純粋に知的な交流を楽しめたような気がしている。

第一回講義 「シラバス」と「男女関係の問題」

二〇〇九年の春は、冬の平均気温が比較的高かったため、桜の開花も平年より早くなるものと予想されていた。ところが、桜の蕾が開き始めた頃に寒気が訪れたため、東京ではちょうど四月初旬にソメイヨシノが満開になった。

四月九日午後三時頃、山手線の電車に乗った。まさに満開の桜の光景が、目黒川沿いから恵比寿にかけて、左右の車窓に飛び飛びに流れる。渋谷駅で井の頭線に乗り換えると、三分ほどで駒場東大前駅に着く。ホームの階段を昇って左手の北側の階段を降りていくと、目の前に東京大学駒場キャンパスの正門が見える。

†駒場キャンパス

この門をくぐるのは、およそ二三年ぶりである。私はアメリカの大学で数学科と哲学科を卒業後、大学院で論理学を専攻し、ちょうど開学したばかりのアメリカの大学日本校の客員講師となって東京に赴任した。実は、その時期に、駒場の哲学研究室の研究生として、東大に二年間だけお世話になったことがあるのである。

今も昔と同じように、真正面には時計台のある一号館が見える。私が最後にこの門から出た当時は、駒場キャンパス再開発が始まったばかりで、敷地内各所で改修工事が行われていた。一三年ほど前には駒場寮の廃寮が決まり、旧制第一高等学校時代から続いてきた学生自治寮存続の是非について、国民的な議論が巻き起こった。廃寮に反発する学生が、駒場寮に数年間立てこもるというような事件もあったが、結果的には裁判所の強制執行命令により解体された。

これも以前には存在しなかった「アドミニストレーション棟」一階の教務課に行き、事務関係の書類を提出する。非常勤講師としての手続きを終えて、キャンパス東側の駒場寮跡地に行ってみると、図書館を囲むようにして、ガラス張りの「コミュニケーション・プラザ」というのが建っている。プラザ周囲はテラスのようになっていて、まるで郊外のイタリアン・レストランのようなイメージである。駒場キャンパス全体が、以前よりもずっと明るくなっている。

プラザ北棟の消費生活協同組合を覗いてみると、マーケット風に飲食品や文房具や日用品が並び、これも昔の雑然とした生協とはまったく異なる様相である。その一角には「東大グッズコーナー」があり、東大のロゴマークの入ったシャツやマグカップ、「東大饅頭」や「東大ワイン」なども売られていた。いわゆる「キャンパス・グッズ」と呼ばれる製品で、これらはスクールカラーを重視するアメリカの大学で趣向を凝らして開発されたものだが、今では多くの日本の大学でも見られるようになっている。

書籍フロアの新書コーナーに行くと、テキストに指定したためか『理性の限界』が平積みになっている。他に私の本を探すと、『ゲーデルの哲学』と『哲学ディベート』が数冊ずつ、さらに一般書店にはあまり入っていない『科学哲学のすすめ』も置いてある。[6] ざっと専門書を見渡してみただけでも、駒場生協書籍部が大手書店並みに充実した品揃えであることがわかる。

四時頃、一号館二階の講師控室に入る。ここで非常勤講師名簿に押印して、教室マイクを借りる。講義中に喉を潤すために自動販売機でペットボトルを入手して、一一号館へ向う。この建物は、一階にロビーがあって二階に二つの大教室があるのだが、すでに入口に入った瞬間から、ざわざわとした声が上階から響いてくる。五時限開始時刻の四時二〇分ちょうど、私は一一〇八教室のドアを開けた。

†「この教壇危険注意」

教室を見渡すと、学生がギッシリと詰まっている。細長い五人掛けの平机が横に四行並び、各々が縦一一列に並んでいるのだが、隙間なく学生が坐っていて、後方には何名か立見の学生もいる。この授業は、理科一類・二類・三類の一・二年生のみが登録可能であるように指定されているためか、ほとんどが男子学生で、その中に、ちらほらと女子学生の顔が見える。

黒板の下にあるマイク・ジャックに端子を差込み、マイクのスイッチを入れる。次に教壇にテキストとペットボトルを置いて両端を持つと、平机がそのままズルッと動いて、一緒に前に倒れそうになった。この教壇の平机は、まるで学生闘争で破壊されたようなボロボロのワゴンの上に載っているだけなのである。よく見ると、荷物テープで平机とワゴンを張り付けていた痕跡があるが、それも剝がれてしまっている。

最前列の学生が「先生、そこそこ」と指差したので、教壇の横を見ると、「この教壇危険注意」と貼り紙がある。「なんだ、これ！　この教壇は、ひどすぎるよ！」というのが、私の東大講義の第一声となった。学生たちは、大笑いしている。

さて、すでに述べたように、東京大学は一八七七年四月一二日に日本で最初の総合大学として誕生した。そのため四月一二日は「東京大学記念日」であり、入学式も毎年この日に開催されることになっている。そして、もちろん授業といえば、入学式の後に始まるのが普通だと思われるかもしれないが、それでは祝祭日の組み合わせから曜日によって授業日数に格差が生じてしまう。東大の授業は、すべての曜日でキッチリと半期一三回の授業日数を確保するため、入学式に先立って開始されているのである。

そこで、「今日はまだ入学式の三日前だし、外はすばらしい春の青空だというのに、君たちも私も教室に集まっているとは律義なことで……」とか、「あんなにモダンなコミュニケーション・プラザが建っているのに、なぜこの教室の教壇はこんな姿のまま放置されているのか」などと言うと、学生たちは笑いの渦に巻き込まれた。

三日後の入学式に出席する予定の学生に挙手を求めると、クラスの大多数が元気よく手を挙げた。「きっともう何万回も言われて飽きているだろうけど、東大ご入学おめでとう！」と言うと、再びクラス全体がドッと沸いた。

この瞬間、私は、この教室にいる若者たちの心の底から湧き出る歓喜を感じたのである。これまで私は、さまざまな大学で講義を担当してきたが、最初の授業でここまで目を輝かせて嬉しそうにしている学生の集団を見たことがない。

一般に大学入学直後の最初の授業といえば、多くの学生が緊張気味に他の学生の様子を窺っているのが普通である。自分の望み通りの大学に入学できて嬉しそうな学生のいる反面、実際には第二志望や第三志望の大学や学科に入学してしまったため、不安そうに俯いている学生や、不満そうな顔で周囲を睨みつけているような学生も見受けられる。

ところが、この教室に集まっている学生は、おそらく全員が晴れて第一志望の東京大学に合格しているのである。だからこそ、少なくとも入学直後の今は、ここまで屈託なく「箸が転げても笑う」状態にあるのではないか。

†「論理学」という不思議な科目

授業初回なので、私の担当する「記号論理学」について、事前に学生に公表してある

「シラバス」に基づいて説明する。[7] 一般に「シラバス」(Syllabus) とは、開講される授業の「講義題目、授業の目標・概要、授業計画、授業の方法、成績評価方法、教科書、参考書、履修上の注意、学習上のアドバイス」などを詳細に示した授業計画書のことで、多くの大学の教員に公表義務が課せられている。東大では、大学のホームページから今学期に開講される講義のシラバスを閲覧して、授業を自由に選択できるようになっている。

私の授業の「講義題目」は、「現代論理学の基礎」である。「授業の目標・概要」は、「論理的思考はどのようなものか、それが現実に何の役に立つのか、その限界はどこにあるのかを考察することから始める。記号論理学の基礎として、命題論理・述語論理における論証方法を学び、構文論・意味論を理解し、完全性定理の証明を目標とする。論理学というと小難しい理屈ばかり並べ立てて重箱の隅を突くようなイメージがあるかもしれないが、実際には思考の筋道を明晰に整理して発想の幅を広げ、新たな視界を切り開く側面もある。積極的に参加して、楽しんでほしい」という内容になっている。

大学の「記号論理学」といえば、最初の授業から各種の論理記号を定義して、論証方法や公理系の構成などに進むというやり方で、数学と同じようなタイプの授業が行われることが多い。このような授業形態にしておけば、教員としては段階別の講義をルーティーン的にこなして淡々と喋っていればよいわけで、その点では非常に楽なのだが、常々学生から知的刺激を得たいと願っている私としては、あまり興味が湧かない。というわけで、私のシラバスには、『理性の限界』をプラスアルファの教科書として、「論理的思考」についてディスカッションするような内容も含めてある。

さらに、私のシラバスには、次のような「学習上のアドバイス」が記載されている。

「論理学は、あらゆる学問分野の基礎に位置すると同時に、知的好奇心を刺激する話題に満ちている。表層的に記号論理学を学ぶだけではなく、何に使えるか、どのような思考に適用できるか、いかなる発想を導くことができるか、常に頭の片隅で考えながら授業に参加してほしい」

思い起こしてみれば、これまでさまざまな大学で私の「論理学」(講義題目は「論理的思考方法」・「論理学概論」・「記号論理学」・「形式論理学」・「数理論理学」などと異なるが)を受講してきた学生は、すでに一万人を超えているはずだが、私の知る限り、その後「論理学者」になった学生は一人もいないし、「論理学」専攻の大学院に進学した学生も一人もいない(「論理学」に関連した研究分野への進学者は何人もいるが)。

そもそも、日本の大学に「論理学科」は一つも存在しないし、大学院でも「論理学」は、哲学か数学、あるいは情報科学の一部門として扱われているにすぎない。つまり、ほとんど誰も専門には進まない学問分野なのだが、その一方で「論理的思考力」くらい現代社会のあらゆる局面で求められている能力も珍しいだろう。そのため多くの大学の教養課程に存在するのが、「論理学」という不思議な科目なのである。

その意味で「論理学」とは、まさに大学の「教養」のシンボルだと言っても過言ではない。だからこそ私は、駒場の東大生にも「専門」ではなく「教養」としての「論理学」を身につけてほしいと述べているわけである。

ついでに私は、次のように言っておいた。「この教室には、日本全国で最も優秀と言われる学生諸君が集まっているわけである。一方、私の書いた『理性の限界』には、社会科学・自然科学・形式科学において結論の出ていない人類の限界と呼ばれる話題がたくさん登場する。そこで、ぜひこれらの問題を追究して、将来はノーベル賞級の研究成果を導いていただきたい。なお、その際、授賞式のスピーチでは、大学入学直後に受けた記号論理学の授業に深く感銘を受けたと付け加えてほしい！」

†授業方針

さて、さきほど紹介した情報文化研究会のメンバーの中に、東大卒業後、そのまま東大大学院に進学して、博士号取得を目前にしている才媛がいる。そこで、東大ではどのような授業に人気があるのかと尋ねてみた。

「それは、もちろん楽な授業ですよ！」というのが、彼女の答えだった。東大生は、ようやく長く苦しかった受験勉強から解放されたのだから、もはや大学でまで毎日何時間も勉強はしたくない、だから楽な授業に人気が集まるわけで、この点は一般の大学生とまったく同じか、むしろそれ以上だというのである。

東大生のあるサークルが学期ごとに発行している『逆評定』という冊子がある。これは、東大の講義全般に対して、実際に受講した東大生が「得点期待度、試験・レポートの難易度、出欠を取る頻度、講義時間外の手間、筆記による説明、口頭による説明、教官の熱意、おすすめ度」を「A・B・C・D」の四段階に評価したアンケートをまとめた結果で、「単位の取りやすさ」が「大仏・仏・鬼・大鬼」に分類されたランキングがリストになって掲載されている。

たとえば、まったく出席を取らず、試験に教科書・ノート持込可で、しかも過去問と同じような試験問題を繰り返す教官の授業は「大仏」だが、毎回出席を取るうえに、持込不可の六〇分の試験を行い、六〇〇〇字の答案を要求するような教官の授業は「大鬼」となる。インターネットにも似たような教官の授業評価を集計した『ウラバス』というものがあり、東大生は、これらの情報を駆使して、あくまで単位の取りやすい授業を履修するというわけである。

さらに彼女は、次のようにアドバイスしてくれた。「やはり東大生は、何といってもオタク系の男の子が多くて、男女関係の話になると黙って下を向いて授業がシラけてしまいますから、そのような話だけは避けた方がよいと思いますね」

†ある学生の相談

しかし、私が長年にわたって築き上げてきた授業スタイルは、何よりも学生一人一人に自分自身の見解を突き詰めて、積極的に意見を表明してディスカッションへの参加を求めるというもので、この授業形式は、たとえ何百人の大教室であっても、一貫して維持し続けてきている。

ちょうど二〇一〇年春にNHK教育テレビで放送された『ハーバード白熱教室』が話題になったが、アメリカではマイケル・サンデル教授の行っているような形式の授業が普通なのであって、私もアメリカの大学で教え始めた頃から同じようなディスカッション・スタイルの授業を行ってきたわけである。

この授業スタイルを今更変えるわけにはいかないし、さらに「記号論理学」の授業である以上、少なくともその専門的内容の理解を確認するためのテクニカルな証明問題の試験も行わざるをえない。そのような意味で、決して「楽な授業」にならないことだけは、クラスの学生にも率直に伝えておいた。

初日の授業なので、このあたりで早目に切り上げてもよかったのだが、あまりにも屈託がなく嬉しそうにしている東大生の姿を見て、彼らがどのような反応を見せるのか、急遽、「男女関係の問題」を話してみることにした。それは、以前私が学生から相談を受けた、次のような実話である。

ある日、学生が研究室に来て、相談があると言った。それは、次のような内容だった。

この男子学生Xは、大学入学当時から同じ学部の女子学生Jと交際していて、もうすぐ二年目を迎える。Jは性格的に優しく可愛らしい女性で、真面目なXと似合いのカップルだと周囲からも言われている。

Jと女子高時代からの親友Kは、どちらかというとクールな美人タイプで、彼女もやはり同じ学部に所属している。Xには、そのように高校から一緒に進学してきた同性の親友がいないので、JとKの友情を非常に好ましく思っている。

大学では、JとKが一緒にいることが多く、その流れで自然とXと三人で食事をしたり遊びに行ったりするが、もちろんKは、XとJが交際していることを知っているので、しばらくすると、気を利かせて先に帰ることが多い。Kは国際線のフライトアテンダントを目指していて、英会話スクールなどにも通って忙しく、特定の彼氏はいないらしい。

さて、実はXは、このKに恋してしまったのである。三人で会った後など、以前のXはJと二人きりになれて嬉しかったが、今では逆に、がっかりとした失望感を心中に隠している。すでに半年程前から、Jと一緒にいても、Kの残像に悩まされているというのである。

そこでXの相談というのは、次のようなものだった。

「このままでいても、苦しいばかりです。やはり僕は、思い切ってKに告白すべきでしょうか？ しかし、今でもJのことも嫌いではないのです。それに、JとKの友情を傷つけたくもないし……。このような場合、どのような行動を取るのが論理的なのでしょうか？[8]」


さて、東大生の反応は、予想に反して大喜びである！ さすがに理科の学生らしく「JとKって自然数の省略なんですか」という質問が出たので、「違う、違う。Jはジュンコで、Kはケイコなんだ」と答えると、クラスはドッと沸いた（ただし、これらも実名ではない）。

ここで私が東大生に尋ねたのは、「君たちはXの親友であるとする。この相談に対して、Xにどのようなアドバイスをするか」という質問である。読者だったら、どのようにお答えになるだろうか？

ちなみに、私が教えている大学のゼミの飲み会で尋ねてみたところ、四年生は次のように答えていた。

ある男子学生は、次のように言った。「僕がXだったら、Kには何も言いませんね。だって、下手に告白したら、全員が気まずくなるかもしれないでしょう？　男にはよくあることですが、一時的な気の迷いというか、隣の芝生が青く見える程度で終わる話かもしれないし、ともかくXは、冷静になって考え直すべきだと思いますね」

すると、別の男子学生が、「いやいや、やはりXは、思い切ってKに告白すべきだと思う」と言った。「とにかく、Kの気持ちを確かめない限り、何も先に進まないじゃないですか。それでXがKからフラれたら、気持ちがふっ切れて、もう一度Jと仲良くやっていけばいいだろうし……」

「でも、そこでKも実はXが好きでしたとなったら、どうするつもりなの？」と、女子学生が尋ねた。

「そうなれば、もちろんXとKがハッピーに付き合っていけばいいじゃないか！　これはJにとっては悲しい結果かもしれないけど、Kは彼女の親友だろう? だったらJは、潔くXのことをあきらめて、元カレと親友の新たな門出を祝福してあげればいいだろう?」と男子学生が答えた途端、「そんなこと、ありえない!」と多くの声が上がった。

別の女子学生は、憤慨して言った。「何なんですか、その男は? そもそも、そんな浮ついた気持ちの人間に恋をする資格などありません。第一、Jに対して失礼じゃありませんか、目の前にJがいるのに、頭の中ではKのことを考えているなんて! それにJとKの友情を傷つけたくないというのも偽善的だし……」他の女子学生たちが、大きく頷いている。

「Xは、まずJに自分の気持ちを正直に打ち明けて、Jと別れるべきです。その後で、Kに告白したければ、勝手にすればいい。でも私がKだったら、こんな信頼に値しない男とは付き合いませんね。つまりJもKも、Xから離れればよいのです。Xのような男は、少し痛い目を見るべきだと思います」

リクルートスーツ姿の女子学生が言った。「実は私、似たような経験があります。私の友達の彼氏が、もしかして私のことを好きなのかなと思ったことがあって……。

それで私は、二人の邪魔にならないように、その彼氏とは顔を合わせないようにしました。きっとKも、Xの気持ちには気付いているんじゃないかしら……。そんなにXの気持ちがエスカレートする前に、Kが空気を読んで、XとJの前から立ち去ればよかったのに……」

するとし、パンクシャツを着て、鼻ピアスをしている男子学生が大声で言った。「なんで皆、そんなにネガティブなんだ？　XはJのこともKのことも好きなんだから、いっそのこと、3Pやればいいんだよ。XもJもKも一緒に愛し合う。これが人間の自然な欲求じゃないか……」

この発言は、「サイテー」という囂々たる非難を浴びて、その後の飲み会は、収拾がつかなくなった。[9]

これまでに幾つかの大学の学生に質問してきたところでは、結果的に、XはKに告白すべきだという意見は三分の一程度と少なく、告白すべきでないという意見が三分の二程度と多かった。やはりこれは、人間関係にできるかぎり波風を立てたくないという最近の若者の風潮を表しているのかもしれない。

ところが、東大生のクラスで挙手を求めると、XはKに告白すべきだという意見が約三分の一、告白すべきでないという意見が約三分の一、そのどちらにも即座に直接的には当てはまらない意見が約三分の一という具合に、きれいに三等分されたのである。とくに、その第三の意見には、個性的なものが多かった。

たとえば、「Jという彼女がいるだけでもありがたいことなのに、そのうえKに目移りするとは、許せませんな。ボクならXに修行の旅に出ろと言ってやりますね」とか「ボクがXの親友だったら、Xの代わりにKに告白してやると言ってKのところに行って、Kを奪い取ります。なにしろボクは、クールなお姉系が好きなもんですから」など……。「ボクだったらXとJと一緒になって、JとKを監禁してみたいですね」とか「Xには、JのこともKのことも忘れて、オレと男同士で付き合おうと言います」といった意見になると、やはりオタク系だからこそ出てくる発想なのだろうか……。

さらに、「人道か非人道かを問わなければ、『源氏物語』のようにKの親戚の少女を引き取って自分好みに育てればよい」とか、夏目漱石の『こころ』のような意味で「Xは自殺すべきだ」という意見もあった。趣旨はともかく、少なくとも理系学生が、このような文学作品を即座に連想できること自体、教養の幅広さを示しているといえるかもしれない。
なかでも私が感心したのは、次のような発想である。

†東大生の論理①状況を整理して図式化する

ある東大生は、次のように言った。「要するに、Xの直面している問題は、Kに告白するか否かということです。よって、XのJに対する愛情をa、XがJとKの友情を重んじる気持ちをb、XのKに対する愛情をcとおけば、

$$\begin{cases} a+b \geqq c & \text{ならば　XはKに告白すべきでない} \\ a+b < c & \text{ならば　XはKに告白すべきである} \end{cases}$$

という結論になります。ボクだったら、Xにこの不等式を見せて、自分の気持ちをよく見極めて、どちらなのか選べと言いますね……」

この発想では、Xの置かれた立場が主要な三つの要因に基づいて記号で整理されていると同時に、可能な選択肢が不等式に集約されている。とくに複雑な人間関係に直面するよ

うな内容の話では、このように「状況を整理して図式化する」ことに気がつかないこともあるが、冷静に対処策を考えるためには、この方法が有益であることも多い。

なお、私は授業の終わりに学生にコメントシートを渡して、授業で浮かんだ意見や感想を書いて提出してもらうようにしている。この東大生のコメントシートには、「誤解しないでほしいのですが、私は、ラカンは嫌いです」と書いてあった！

理系の大学一年生がフランスの構造主義哲学者ジャック・ラカンを知っているだけでも驚きだが、さらに彼はラカンが著作に多用している図式化「マテーム」を「嫌い」だと言いながら、自分自身では立派に図式化を行っているわけで、そのことに私は大いに驚かされたわけである。

さて、駒場キャンパスは「ノー・チャイム制度」なので、教員も学生も時計の時間で動いている。私は、九〇分授業の終了時刻の一〇分程前に講義をやめてプリントを配布し、「コメントを書いたら教壇に提出して出ていいよ」と言った。

これまでの私の経験では、二、三分もすると、投げるようにプリントを教壇に置いて、脱兎の如く教室から駆け出していく学生が、どこの大学にもいるものである。だが、この教室の二〇〇名を超える東大生は、授業終了時刻の五時五〇分を過ぎても、黙々と書き続けている。六時を過ぎたので、「終わったら、提出して出ていいんだからね」と再び声をかけたが、まだ誰も動く気配がない。

ようやく最初の学生が立ち上がったのは六時一〇分過ぎで、その後は、入れ替わり立ち替わり、学生たちが教壇周辺で立ち止まっては質問をしてくる。文科なので履修登録できないが聴講してもよいか（もちろんＯＫ）、授業ではゲーデルの不完全性定理を証明するつもりなのか（半期でそこまでは進めないがアイディアだけは紹介する）、なぜ先生は論理学を志すようになったのか（その話はまたいつかゆっくり）などなど……。

最後の学生が出て行ったときには、七時近くになっていた。急いで講師控室に戻り、「授業が長引いてすみません」と言って職員にマイクを渡すと、「いえいえ、この大学の学生さんは熱心ですから、先生方もよく質問攻めにあうみたいですよ。とくに五時限は最後の授業なので、八時近くまで戻られない先生もいらっしゃいます」ということだった！

第二回講義

「二分法」と「詐欺」

第一回講義のコメントシートの中に、まったく意味不明な書き込みがあった。「スクイズでXは誠、Jは言葉、Kは世界ということですね。よくわかります。よってJがKをNice boatまたはKがXをNice boatという展開に！」

この暗号のような文章は何を意味するのか？　冒頭でクラスに尋ねたところ、学生たちに大笑いされることになった。私にはまったく理解できないのだが、それではこの文章を理解できる人は何人いるのかと挙手を求めると、クラスのほとんどが手を挙げたので、私は呆然としてしまった。

†スクイズ

おもむろに立ち上がった東大生に解読してもらった結果、「スクイズ」とは野球のスクイズではなくアニメ「スクールデイズ」の略称であること、「誠」とはその作品の主人公で「言葉」と「世界」は登場人物のヒロインを指すこと、しかも「言葉」は「ことば」ではなく「ことのは」と読まなければならないことがわかった。

そもそも「スクイズ」とは、誠という男性をめぐってさまざまな女性が入り乱れて物語が展開するアダルトゲームから始まったそうで、その後、原作がデフォルメされて一種の学園アニメとしてテレビで放映された人気作品だということだが、ほとんどテレビを観ないしゲームも知らない私にとっては別世界の話である。

それでは「Nice boat」とはいったい何なのか？ 実は、テレビの「スクイズ」最終回の放送予定日の直前に、現実世界で少年による殺人事件が起こった。そのため、テレビ局は、その事件に類似した暴力シーンが含まれていた（らしい）最終回の放映を急遽自粛することに決定して、三〇分近く水辺のボートの映った風景画像を流し続けた。

これに対して、ネット上ではアニメファンの怒りが爆発したそうだが、そこに海外のアニメファンから、風景画像のボートも「Nice boat」じゃないかというクールな反応が寄せられ、そこから「Nice boat」という言葉が生まれたという。

これで「Nice boat」という言葉の起源は理解できたが、それでは、その言葉の「意味」は何なのか？ もはやそれは「短時間では簡単に説明できない難解な概念」だということなので、しいて私もそれ以上は聞かないことにした。ともかく私は、この言葉によって、彼らのオタク文化の奥深さを実感したのである。

†東大生の論理②与えられた条件すべてを満たす方法を発見する

さて、別の東大生が、男女関係の問題に対する新たな解を導いた。彼は、「Xはすでに Kを愛しているんですよね？ それならば、この件を解決するためには、結果的にXとK が結ばれればよいわけです。ただし、そこでJが嫉妬してしまっては困るし、JとKの友情も大事にしなければならないというわけだから……」と独り言のように言った後、「ウーンと、うまい方法が浮かびました」と叫んだのである。

「ボクだったら、イケメンの友人Yを雇ってきて、YにJを誘惑させろとXに言いますね。そこでYとJが交際するようになれば、XはJにフラれる形になるわけですから、Jを傷つけることになりません。一方、その状況を見ているKはXに同情するはずですから、むしろKの方からXに自然に近づいてくる可能性さえ生じます。このようにしてXとKが交際を始めたとしても、JとKの友情が壊れることもない。全員が、メデタシ、メデタシというわけです……」

この東大生の発想は、実際にどのような状況になれば与えられている問題をクリアできるか、その方法を発見することに視点を置いて初めて思い浮かぶものであろう。つまり、これまでの回答とは違って、「与えられた条件すべてを満たす方法を発見する」ことに重点が置かれているわけである。

もちろん、イケメンYにJを誘惑させるという道徳的な大問題は発生するが、全体状況を進展させる意味では、最も計算し尽くされたシナリオといえるかもしれない。

†「男か女か」

ここで少しだけ論理学に触れてみよう。論理学の最も基本的な法則の一つに、「PかPでないかのどちらかである」という「排中律」と呼ばれる法則がある。ここでPとは、真か偽を決定できる任意の「命題」を指す。

たとえばPが「今日は木曜日である」という命題であれば、「今日は木曜日か木曜日でないかのどちらかである」という排中律が常に成立する。Qが「日本の首都は東京である」であれば、「日本の首都は東京か東京でないかのどちらかである」という排中律が常に成立する。排中律のように常に成立する命題は、論理的に「恒真」な命題と呼ばれる。

それでは、Yが人間であるとする。「Yは男か女のどちらかである」という命題は、常に成立するだろうか？

答えは「ノー」である。排中律が成立するのは「PまたはPでない」場合であって、「PまたはQである」のように異なる二つの命題を組み合わせると、論理的に恒真となるとは限らない。つまり、「Yは男か男でないかのどちらかである」あるいは「Yは女か女でないかのどちらかである」は論理的に恒真だが、「Yは男か女のどちらかである」は論理的に恒真ではないのである。

さっそくここで東大生の手が挙がり、ヒトは性染色体がXY型かXX型であるかによって、生物学的に男性と女性に区別されている以上、男でなければ女に決まっているではないか、という意見が出た。

もちろん、男と女をそのように生物学的に定義づけることも可能だし、他にもさまざまな方法で男と女を定義することができるわけだが、事前にそのような前提が与えられていない以上、それは一つの勝手な思い込みだということになる。

論理的には、P＝「Yは男である」とQ＝「Yは女である」は、それぞれが異なる命題であり、これらを組み合わせると、次のように四通りの可能性が生じる。

ケース	Yは男である	Yは女である
1	○	○
2	○	×
3	×	○
4	×	×

「ケース1」は、Yが男であると同時に女であることを示している。実際にYが両性具有者や性同一性障害者だとすると、性染色体や性器形状による生物学的特性だけで単純に男か女かを判別することはできない。

「ケース2」は、Yが男であり女ではない場合で、いわゆる一般の男性を指す。

「ケース3」は、Yが男ではなくて女である場合で、いわゆる一般の女性を指す。

「ケース4」は、Yが男でもなく女でもないことを示している。性別の確定する前の胎児をヒトとみなせば、このケースに相当する。あるいは、古代中国の宦官のような実例を考えることもできる。宦官は去勢されることによって男性機能を失っているが、かといって女性というわけでもない。ちなみに、司馬遷のように、匈奴に投降した友人を弁護したため武帝の怒りにより宮刑を受けたが、恥辱に耐えて『史記』を書き記したような例もある。

要するに、「男か女か」のような選択を考えると、「ケース2」か「ケース3」の二者択一しかないという先入観に支配されるかもしれないが、論理的には「ケース1」も「ケース4」も存在する。むしろ、このように論理的にすべての可能性を考慮することによって、見解が広がることに気づいてほしいのである。

†「イエスかノーか」

社会でもっとも基本的に用いられている「イエスかノーか」という「二分法」も、論理的に必ずしも成立しないことは明らかだろう。

つまり、「イエスかイエスでないかのどちらかである」あるいは「ノーかノーでないかのどちらかである」は論理的に恒真だが、「イエスかノーのどちらかである」は論理的に恒真ではないのである。ここで見失いがちな「イエスでもノーでもある」選択肢と「イエスでもノーでもない」選択肢を考察することによって、局面に新たな展開が浮かび上がることも多い。

逆に、実際には四通りの選択肢があるにもかかわらず、二通りしかないように思い込ませて、最終的に思い通りの方向に誘導する一種の「詐欺の論法」もよく目にする。

たとえば、「戦争を賛美しなければ非国民である」や「私と結婚してくれなければ死んでやる」などの「二分法」は、典型的な詐欺の論法である。仮に新興宗教団体の人間が近づいてきて、「君は今のままでは不幸になるが、この数珠を持っていれば救われる。だから、この数珠を買いなさい」と言ってきたら、どうするか？

飲み込みの早い東大生の答えは、次のようなものである。「論理的な二分法により、ボクは、数珠を買うか買わないかのどちらかしかなく、不幸になるかならないかのどちらかしかありません。さて、あなたは、ボクが数珠を買えば不幸にならないが、買わなければ不幸になると二者択一を迫っています。しかし、論理的には、ボクが数珠を買っても不幸になるケースと、数珠を買わなくとも不幸にならないケースもありまず。とくにボクは、数珠を買わなくとも不幸にならないつもりですから、数珠を買う必要

ケース	数珠を買う	不幸になる
1	○	○
2	○	×
3	×	○
4	×	×

はないのです」

あまりにも簡単な「引っ掛け」なので驚かれるかもしれないが、これが実際に霊感商法などのプロの手にかかると、顧客は「ケース2」と「ケース3」の二つの選択肢しか見えないようになり、結果的に「不幸にならないためには数珠を買うしかない」という結論に誘導されてしまうのである。

もちろん、このような状況においても、最終的に数珠を買うのも買わないのも、あるいは新興宗教を信仰するのもしないのも、本人の自由である。ただし、論理的に四つの選択肢があることを明確に理解した上で「ケース2」を選択する場合と、二つの選択肢しかないと誘導されるままに「ケース2」を選択する場合では、まったく選択の意味が異なることに注意が必要であろう。

†投資コンサルタントの詐欺

これはアメリカで聞いた実話である。[10] ある投資コンサルタントが、商品先物取引で大金を動かしている個人投資家一〇〇人のリストを手に入れて、ひたすら電話をかけた。彼は、最初から投資家に投資を持ちかけたりせずに、単に自分の予想を聞いてほしいとだけ言って、半数の五〇人には大豆が騰がる、半数の五〇人には下がると伝えた。

この種の「二分法」を用いれば、常に半数のグループに対しては、予想を当てたという結果を「論理的」に導くことができる。しかも、その出発時点の母集団の人数が多ければ多いほど、何度でも続けて当たる人数を残すことができるわけである。

その翌週、彼は、大豆を当てた五〇人の投資家に電話して、今度は半数にはトウモロコシが騰がる、半数には下がると言った。あくまで謙虚で控え目に、自分の調査能力を理解して、ゆっくり時間をかけて判断してほしいとだけ伝えておく。

さらに翌週、彼は、大豆とトウモロコシを当てた二五人の投資家のうち、半数には原油が騰がる、半数には下がると言った。この時点で一二～一三人は三回続けて的中予想を聞く結果となり、このコンサルタントを信用し始める投資家も出てくる。そこで彼は初めて、自分に金を預ければ、運用して何倍にもできますが、と持ちかけるわけである。

ここまで完全的中している予想を聞いてコンサルタントの能力に驚き、とくに心理的にチャンスを見送ったことによって損したという錯覚状態に陥っている個人投資家は、思い切った金額を彼に預けて増やしてもらおうかと考えるようになる。

最後の仕上げに、彼は、大豆とトウモロコシと原油を続けて当てた一二～一三人のうち、半数には砂糖が騰がる、半数には下がると言った。このような二分法を単純に繰り返すだけで、六〜七人は四回続けて的中予想を聞くことになり、このコンサルタントを全面的に信用して大金を預ける投資家も出てくる。

そして、実際に、この詐欺師は、数名の個人投資家から数百万ドルを手に入れた瞬間、そのすべてを海外に持ち逃げしてしまったという話である！

†「男女関係の問題」への回答

さて、それでは最初の学生Xの相談には、どのように答えればよいのだろうか？

実は、論理的に整理してみると、この相談に登場する人物XとJとKが、結果的に、何らかの意味で「人間関係が成立する」（○）か「人間関係が成立しない」（×）かの組み合わせは、次の表のように全部で八通りしかないのである。

もちろん「人間関係が成立する」といっても、同性間においても異性間においても、友情関係もあれば恋愛関係もあり得るし、その関係の深さや継続期間にもさまざまな可能性がある。とはいえ、結果的にXとJとKがどのような人間関係に収束するのかという意味で表を見渡すと、八通りの組み合わせのどれかに含まれることがわかる。

ケース	XとJの人間関係	XとKの人間関係	JとKの人間関係
1	○	○	○
2	○	○	×
3	○	×	○
4	○	×	×
5	×	○	○
6	×	○	×
7	×	×	○
8	×	×	×

「ケース1」は、XとJ、XとK、JとKのすべての人間関係が成立する場合を示している。現在のXとJは恋人関係にあり、XとKは友人関係にあり、JとKは親友関係にあるわけだから、現状は「ケース1」の一つの解釈例といえる。

この三つの関係が変化して、すべてが挨拶程度の知人関係に移行する場合も生じうるし、すべてが濃密な恋愛関係に移行するような場合（JとKのレズビアン関係も含む）も想定できるが、いずれにしても、三者三様の人間関係が何らかの意味で成立している場合と解釈できる。

「ケース2」は、XとJ、XとKの人間関係のみが成立する場合を示している。たとえば、XがJとKと二股をかけて交際し、JとKの友情は壊れるような状況が考えられる。

「ケース3」は、XとJ、JとKの人間関係のみが成立する場合を示している。これは、たとえばKが空気を読んでXの前から立ち去る状況と解釈できる。

「ケース4」は、XとJの人間関係のみが成立する場合を示している。これは、XがKに告白した結果、KがXとJの前から立ち去るような状況と解釈できる。

「ケース5」は、XとK、JとKの人間関係のみが成立する場合を示している。これは、XがJと別れてKと交際し、Jもそれを認めてJとKの友情は継続する状況と解釈できる。

「ケース6」は、XとKの人間関係のみが成立する場合を示している。これは、XがKに告白した結果二人が交際することになり、JがXとKの前から立ち去るような状況と解釈できる。

「ケース7」は、JとKの人間関係のみが成立する場合を示している。これは、二人の女性が友情を保ちつつ、Xの前から立ち去る状況と解釈できる。

「ケース8」は、すべての人間関係が成立しない場合を示している。つまり、いろいろな経緯を経て、結局全員がバラバラで一人ぼっちになる状況と解釈できる。

さて、そもそもXの私に対する質問は、「どのような行動を取るのが論理的なのでしょうか？」というものだった。そして、私の回答は、Xが具体的にどのような行動を取ったとしても、一定期間を経た後、XとJとKの三者は、これら八通りの人間関係の組み合わせのどれかに必ず収束しているはずであり、「論理的」に言えるのはそれだけだということだった。

すでに多くの学生の意見にあったように、Xが実際にどのような行動を取るかについては無数の可能性があり、そのそれぞれに対するJとKの反応に応じて、さらに未来は無数に枝分かれしていく。しかし、三人の人間関係の「構造」そのものは、常に「論理的」に八通りのどれかに収まるわけである。私がXに伝えたかったのは、その全体像を意識することによって「大局観」を磨けば、最終的な選択の大きなヒントを得られるのではないか、ということだった。

それでは、現実のXとJとKは、その後どうなったのか？　実は、東大生もこの点が大いに気になったようだが、授業中に堂々と質問するのは気が引けたらしく、授業が終わった後、何人もが立ち止まって聞きに来た。その現実の結果については、読者のご想像にお任せしよう。

第三回講義　「スモールワールド」と「東大生への挑戦」

第二回講義のコメントシートの中に、「男女関係の問題を不等式に図式化することや、イケメンを連れてくる見方など、まったく思いつかなかった。こうした見方があっさり出てくる学友のいる東大は、恐ろしい所だと思った」という感想があった。このコメントを紹介した瞬間、クラスの大部分の東大生は吹き出して笑っていたが、中には何人か、深々と頷いている東大生の姿が見えた。

†東大生の畏怖感

すでに授業開始から三週間が経過している。新入生たちは、私の授業のような「選択科目」ばかりでなく、数学や英語などの「必修科目」でも同じクラスで同級生と顔を合わせているはずである。おそらく地元の高校では、常に誰よりも抜き出てトップだったような学生も、さらに次元の違うトップの存在する東大のクラスでは、以前と同じようなわけにはいかないだろう。自分の思いつきもしないアイディアをどんどん発表する学友を目にして、そろそろ本気で一種の畏怖感を抱き始めた学生もいるのではないか……。

私にも似たような経験があるので、その感覚はよくわかるのである。それは私がアメリカの大学院にいた頃、指導教官の教授がミシガンからカリフォルニアの学会に出張に行ったときの話である。教授は、空港で歩いていたところ、急に論理学の一分野に関する定理が頭に浮かび、帰りの飛行機の中でワインを飲みながら、その証明の概略を航空会社のパンフレットの裏に書き付けた。

大学に戻った教授は、ちょうど研究室に居合わせた私たちにそのパンフレットの裏のメモを見せながら、興奮した様子で証明の流れを説明してくださったのだが、私のような院生が見ただけでも、その途中経過に、いくつか飛躍した部分のあることがわかる。すると教授は、もちろんメモ書きだから飛躍もあるが、それらが正しいことは直観的に明らかだから、詳細は後でゆっくり証明すれば済むことだと言われた。

しかし、私の正直な印象からすると、危ない飛躍部分が少なくとも三ヵ所はあるように見える。仮にそのうちの一ヵ所が誤りだっただけでも、証明の全体的な流れを遠回りに変更しなければならなくなるし、場合によっては、証明全体そのものが崩壊してしまう可能性もある。私は内心で、教授がこのアイディアを論文にできるかできないかの可能性は五分五分、仮に成功して順調に進んだとしても、論文の完成は何ヵ月も先のことだろうと思った。

ところが、そのたった二週間後に、教授は論文を完成させたのである！　しかも、完成論文とパンフレットの裏のメモを見較べてみると、最初の教授の直観がすべて正しかったことがわかる。そもそも、なぜこのような定理そのものを最初に思いつくことができるのか、どのようにすれば証明の流れが見えてくるのかさえ不思議なのに、証明の途中経過もすべて正しかったという事実は、私には「神技」としか思えなかった。

その指導教授は、イギリスの「飛び級制度」によって二一歳で大学を卒業し、二三歳で博士号取得、アメリカに渡って二九歳で大学教授になり、私が大学院で指導を受けた当時は、まだ三〇代だった。しかも、少年時代はピアニストになることを夢見てピアノばかり弾いていたそうで、論理学や哲学を正式に学び始めたのは一八歳になってからというのだから、驚愕である。

その後、教授はイギリスの母校に招聘され、よかったらイギリスで研究を続けないかと私にも声を掛けてくださったのだが、とても教授のような論理学者の足元にも及ばないと諦観していた私は、結果的に日本に戻ってきたわけである。

このような天才に近づくと、尊敬の念とは別に、一種の畏怖感を抱くものだが、このクラスの東大生たちも、いずれ似たような感覚を抱くときがくるのかもしれないと感じた瞬間だった。

†人間関係の組み合わせ

さて、男女関係に関する東大生のコメントシートを見ると、「人間関係において非常に複雑だといわれている三角関係が、たった八通りの表に収束することに驚いた」とか、「ギリシャ悲劇から現代文学まで芸術作品の対象となるべき三角関係が、たった八パターンの構造に組み込まれるとなると、今後作品の質が落ちていくのではないかと淋しくなった」などと、思ったよりも八通りが少ないというイメージに対する感想が多かった。

その一方で、なかには逆に「○×の解釈に人生の無数のドラマが含まれていておもしろかった」とか、「いかに人間関係が複雑で多様であるかがわかります。なぜなら、人数が四人以上になれば、爆発的に増えますからね」という感想もあった。

さて、もし人数が四人になれば、人間関係は何通りになるだろうか？

即座に東大生の手が挙がって、「六四通り」と答えた。たとえば、A、B、C、Dの四人で考えてみると、その人間関係はAとB、AとC、AとD、BとC、BとD、CとDの六つの組み合わせで生じ、それぞれが成立するか成立しないかの二通りなので、二の六乗で六四通りになる。

それでは、一般には何通りになるだろうか？

†東大生の論理③解の一般化を見出す

もしn人（$n \geqq 2$）がいれば、その人間関係の組み合わせは ${}_nC_2 = n(n-1)/2$ 通りであり、そのそれぞれが成立するか成立しないかの二通りだとすると、すべての人間関係の組み合

わせは、

$2^{n(n-1)/2}$

となる。

さすがに理科の学生たちということもあって、この式がすぐに浮かんだ東大生に挙手を求めたところ、クラスの半数以上が手を挙げた。実は、このように「解の一般化を見出す」ことによって、狭い具体例だけでは浮かばなかった世界が見えてくる可能性も生じるのである。

というのは、人間関係の組み合わせは、五人では二の一〇乗で一〇二四通り、六人では二の一五乗で三万二七六八通り、七人になると二の二一乗で、なんと二〇九万七一五二通りにも一挙に増大するからである。

つまり、仮に男女七人の恋物語があるとすると、その結末で誰と誰の人間関係が成立するか成立しないかというだけで二〇〇万通り以上の組み合わせがあるわけで、その関係の深さや持続期間などの相違も加味すれば、すぐに数千万通りを超えることになる。

それにしても、三人の人間関係が八通りに過ぎないという話から、四人以上になれば組み合わせが「爆発的」に増加することを見通し、むしろ「いかに人間関係が複雑で多様」

であるかに気がつくという感覚は、すばらしいものではないだろうか……。

†「世の中は何と狭いのか」

これは、春の休暇中に箱根に滞在していた際の出来事である。初老の外国人夫妻に宮ノ下駅で方向を聞かれて、ちょうど行き先が同じだったので、強羅駅まで一緒に箱根登山鉄道に乗った。

この男性は、イギリスの日本大使館に四〇年間勤務した運転手だということで、その間ずっと日本人の習慣や日本の文化について見聞きしてきたにもかかわらず、これまで一度も肝心の日本に来たことはなかったという。それを知った日本大使館の上司が、退職を祝って夫妻に日本への往復航空券をプレゼントしてくれたそうで、夫妻はその「粋な計らい」に感謝しつつ、東京から箱根を回って、この日は芦ノ湖畔に泊まり、翌日は京都へ向かうのだと楽しそうに話していた。

電車に揺られながら話をしているうちに、私の職業を聞かれたので大学の研究者だと答えると、そういえば昨年秋に日本人の女性研究者が夫妻のアパートメントの真向いの部屋に引越してきて、奥さんが仲良くなって一緒にケーキを焼いたという話になった。

その研究者はシェイクスピアの専門家なのだが、作品に登場する「悪態」ばかりを研究している変り者だと言ったので、その人物ならば私は知っていると叫んで、一同大笑いになった。実は彼女は私の勤務している大学の関係者で、昨年秋に送別会を開いてロンドンに送り出したばかりだったのである！

このように、まったくの偶然が幾重にも重なって出会った初対面の人物と話しているうちに、共通の知人がいることを知って、「世の中は何と狭いのか」と驚いた経験は誰にでもあることだと思う。

仮に私に一〇〇人の知人がいて、その各々には別に異なる一〇〇人の知人があるものとすると、私から「一次」の隔たりにおいては一〇〇人、「二次」の隔たりにおいては一万人が繋がっていることになる。それらの各々にも別の一〇〇人の知人があるとすると、「三次」の隔たりで一〇〇万人、「四次」の隔たりで一億人、「五次」の隔たりで一〇〇億人と繋がっているわけで、「六次」の隔たりで楽々と世界人口を超えることになる。

†ミルグラムの実験

実際に、「世界」をあらゆる人間のネットワークとみなすと、この「世界」は一般に思われているよりも、ずっと小さいのではないかと推定する考え方がある。一九六七年、ハーバード大学の社会心理学者スタンレー・ミルグラムは、この予測を「スモールワールド仮説」と名付け、実験で確かめようとした[11]。

ミルグラムは、彼の大学のあるマサチューセッツ州ボストンから遠く離れたネブラスカ州オマハの住民一六〇人をランダムに選んで手紙を送り、非常に身近な「ファーストネームで呼び合う」友人のみに転送するようにと依頼して、それがどの程度のステップでボストンに勤務する株式仲買人に届くのかを調査した。その結果は、驚いたことに、平均してちょうど六ステップだったというのである。

もしこの仮説が一般にも成立しているとすると、相手がアメリカの大統領でもアフガニスタンのイスラム原理主義指導者でも、あるいは北極圏のイヌイットでもアフリカのマサイ族でも、世界の誰にでも六ステップ程度で到達できることになる。つまり、世界で任意の人間二人を選び出したとき、この二人の間には平均して「六次」の隔たりしかないという仮説になるわけだが、これは真実なのだろうか？

その後、社会学者や心理学者が実際の社会ネットワークを調べていくと、必ずしもミルグラムの実験が検証されるわけではないことがわかってきた。社会集団には「人種」や

「文化」、あるいは「地域圏」や「言語圏」などの根本的に深い障壁に阻まれた「クラスター」が存在し、その内部と外部には大きな隔たりがあるからである。

とはいえ、現代社会では、インターネットを通して、即座に世界の誰とでも連絡を取ることが可能になっている。その意味では、クラスターのもたらす障壁は、徐々に打ち崩され始めているとも考えられる。

二〇〇〇年のクリスマスにイギリスで話題になった事件は、クレアという若い女性がブラッドレーという男性と恋に落ちて、熱烈なラブレターをEメールで送信したことに始まる。その内容に大いに気をよくしたブラッドレーは、このメールに自慢を込めて「彼女からのラブメール」と命名して、六人の友人に転送した。受け取った六人の友人たちは、このメールの文面に深く感動し、再び別の友人たちに転送した。その結果、たった数日のうちにこのメールは世界中を駆け巡り、なんと七〇〇万人を超える人々を楽しませたといわれている!

もっとも、そのおかげでブラッドレーは勤務していた法律事務所からコンピュータの私的利用で罰せられ、クレアは世間から身を隠さなければならなくなったそうだが……。

インターネット・ネットワークにおけるスモールワールド仮説は、「世界中のいかなる辺鄙なサイトへも、六回クリックすれば到達できる」と言い換えることができる。そして、ネット上でスモールワールド仮説が成立するということは、たとえばコンピュータ・ウイルスも一瞬にして世界中の全方向に拡散することを意味するわけで、実はこの仮説は、現在では、大規模ネットワーク感染やサイバーテロに関わる最先端の情報理論の重要な研究対象となっているのである。

†東大生への挑戦

さて、この日の授業の最後に、私は次のように言った。本日のコメントシートには、裏に「一万円」か「一〇〇〇円」のどちらかの金額を書いてほしい。どちらを選ぶかは個人の自由だが、クラスメートと相談してはならない。もし「一万円」と書いたシートがクラスの二〇パーセントを超えたら、プレゼントは何もない。しかし、もし「一万円」と書いたシートがクラスの二〇パーセント以内だったら、書いてあるとおりの金額を君たち各々にプレゼントしようではないか……。

クラスは大きなざわめきに包まれた。すぐに東大生の手が挙がって「それってリアルにですか」と聞いてきたので、「プレゼントしようではないか……と、限りなくリアルに近いと思って書いてほしい」と答えておいた。もし読者だったら、「一万円」か「一〇〇〇円」のどちらを記入されるだろうか?

第四回講義　「社会的ジレンマ」と「東大生からの挑戦」

第三回講義で提出されたコメントシートの総計は一七六枚であり、その裏に記載してあった数字を集計した結果、「一〇〇〇円」と書いたシートは一〇八枚（六一・四パーセント）、「一万円」と書いたシートは六八枚（三八・六パーセント）だった。

つまり、このクラスで「一万円」と書いたシートの数は、プレゼントの成立する上限二〇パーセントを遥かに上回る三八・六パーセントだったため、かりにこれが「リアル」なゲームであったとしても、私は東大生に一円も支払わずに済んだことになる。

†実験結果の理由

なぜこのような結果になったのか？　クラスにその理由を尋ねると、次のような返答が戻ってきた。

東大生A　ボクは「一万円」と書きました。だって仮にプレゼントの成立する状況になった場合、自分が一万円貰えるグループの方に入っていないと悔しいじゃないですか！

東大生B　オレもそう思って「一万円」と書きました。一〇〇〇円か一万円だったら、どう考えても一万円の方が得なわけだし……。東大生は負けず嫌いが多いですから、クラスの三八・六パーセントが「一万円」と書いたというのも当然の結果でしょうね……。

東大生C　何言ってるんだ！　君たちみたいなエゴイストが多かったから、プレゼント自体が消えてなくなったんじゃないか！　クラスの八割以上がボクと同じように全体の利益を考えて「一〇〇〇円」と書いていたら、全員が一〇〇〇円以上貰えたはずの話なのに……。

東大生D　そうだよ。先生は、このゲームで、ワタシたちがいかに理性的かを測っているんでしょ？　それがわからないの？

それに「一万円」と書いて一万円貰えたとして、それは自分以外の八〇パーセント以上のクラスメートが「一〇〇〇円」と書いてくれた場合でしょう？　そんな状況で自分が一万円受け取るなんて、後ろめたくて、ワタシは嫌だな……。ですからワタシは「一〇〇〇円」と書きました。

東大生A　しかし、先生から引き出す利益が最大値になるのは、クラスのちょうど二〇パーセントが一万円を受け取り、ちょうど八〇パーセントが一〇〇〇円受け取る場合じゃないか。もしそうなったら、上位二〇パーセントの方に入りたいと思うのが当然だろ！

もっとも、ボクと同じように考えた東大生が多かったからプレゼントも消滅したわけだけど、それも自己責任だから仕方がないと諦めもつくわけなのであって……。

東大生B　そうそう、一万円だったら欲しいけど、一〇〇〇円だったら別に欲しくないし……。
東大生C そういう問題じゃないよ！ これがリアルなゲームだったら、君たちが原因で一〇〇〇円のプレゼントが消えてなくなったんだから、少しは責任を感じてほしいものだ！
東大生D ワタシは自己犠牲の精神で「一〇〇〇円」と書いたのだから何ら悔いることはないし、「一万円」と書いたクラスメートを恨む気もないけど、結果的にクラスが何も貰えないということは、やはりワタシたち全体が理性的じゃない、ということになるんじゃないかな……。

†志願者のジレンマ

もう一度確認すると、私がクラスに対して行ったプレゼント・ゲームでは、八〇パーセント以上の東大生がクラス全体の利益になるように「一〇〇〇円」と書かない限り、誰も何も受け取れないルールになっている。このように一定数の「志願者」が全体の利益になるように行動しなければ、全体の利益が消滅する、あるいは全員が何らかの被害を受けるような状況は、「志願者のジレンマ」とよばれる。

おそらく最もよく知られている志願者のジレンマは、限られた人数しか乗れない「救命ボート」の例だろう。もし船が沈没しようとしているとき、定員五人の救命ボートに六人が乗ろうとしたらどうするか？　無理に六人が乗るとボートが沈んで全員が溺れてしまう以上、誰かが諦めなければならないのだが……。

すると、ここで東大生の手が挙がって、次のように言った。「いえいえ、六人でも大丈夫な方法があります！　まず五人が救命ボートに乗り、余った一人はボートにつかまって立ち泳ぎするのです。そして、泳ぎ疲れたらボートの誰かと交代します。これを順番に繰り返して救助を待てば、全員が助かることができます！」

たしかに、たとえば「タイタニック号」が氷河にぶつかって沈没した北大西洋と違って海水温度が立ち泳ぎしても耐えられるものだったら、あるいは海に獰猛な「ジョーズ」のようなサメがいなければ、そして、比較的短期間で救助が期待できるような状況だったら、この方法も有効かもしれない。全員が創意工夫して相互に助け合えば、「救命ボートの定員」という固定観念以上の人間を救出できるかもしれないのである！

ただし、実際の歴史を振り返ると、もっと過酷で悲惨な事例も数多く生じていることがわかる。[12] 一八二一年、アメリカの捕鯨船エセックス号がマッコウクジラに打ち砕かれて沈没し、二〇名の乗組員が救命ボートで脱出した。漂流を続けて食料も尽きた七九日目、飢餓が限界に達した乗組員たちは、自分の肉を食料として提供する者をくじ引きで決めることに合意した。くじに当たった一八歳の水夫は、「くじ引きは公平だったよ」と言って抵抗せずに銃で撃ち殺され、他の乗組員たちの食料になった。

この事件を元にした作家ハーマン・メルヴィルの『白鯨』は、捕鯨船の沈没する場面で終わっているが、現実世界では、その沈没から八九日後、生き残った乗組員八名が「悲惨な苦しみを物語る世にも哀れな姿」で救助されるまで、想像を絶する苦難があったのである。

このような「究極の志願者」を募るくじ引きは、昔から認められてきた「海のならわし」で、記録に残されている最も古い事例は一七世紀前半にまで遡ることができるという。エセックス号の生存者は、救助された後も、仲間の骨をしゃぶって手放そうとしなかったそうだ。というのも、人間の骨髄には、彼らが切実に必要としていた脂肪分が含まれていたからである。

しかし、似たような状況であっても、必ずしも「人肉食」という「カニバリズム」しか方法がないわけではない。一八一一年、ボストンを出港してカリブ海へ向かう途中、嵐に遭遇してマストが折れた帆船ポリー号は、半ば浸水したまま、一九一日も漂流し続けた。生き残った乗組員は、飢餓で死亡した乗組員の肉片をトローリング用の釣り糸につけてサメを釣って、救助されるまで食べつなぐことができたという。

第二次大戦中には、もし塹壕に手榴弾が投げ込まれたら、その手榴弾に手が届く人間が即座に自分の身体で手榴弾を抱え込むように命じられていた。そうすれば犠牲者は一人で済むからなのだが、その手榴弾に手が届く誰かが二、三秒以内に決断して抱え込まなければ、そのチャンスは失われ、全員が死ぬことになる。

このような「究極の選択」について、何が「合理的」な選択なのだろうか？「集団的合理性」は、誰かが犠牲になって手榴弾を抱えるように命じ、「個人的合理性」は、自分以外の誰かが手榴弾を抱えるように命じる。実は、これらの二つの合理性が衝突するとき、人間は、深い「社会的ジレンマ」に陥るのである。

†腐ったリンゴ仮説

現代社会においても、同じような事態は起こりうる。たとえば、映画を見ていたら、突然スクリーンが燃え上がって火災が発生したとしよう。もし避難訓練で行われているように、全員が落ち着いて列を作って順番に出口へ向かえば、全員が助かる可能性も高くなる。ところが、何よりも自分が確実に助かることを重視する人々は、いち早く逃げようと他人を押しのけて出口に殺到し、その結果として、大惨事が発生するのである。

社会心理学における「腐ったリンゴ仮説」によれば、母集団の人数が多ければ多いほど、他者と協調しない裏切り者の存在する可能性は高くなり、ちょうど腐ったリンゴが周囲のリンゴも腐らせてしまうように、その影響で周囲の人間も裏切り者に変身する可能性が高くなる。

日常生活で考えてみよう。皆が座って見ているパレードを誰かが立ち上がって見始めたら、その後方や周囲の人々も立ち上がり始める。レストランで「割り勘」で食事する際、高い料理や酒を注文する人がいると、徐々に周囲も高い料理や酒を注文するようになる。いわば「皆で渡れば怖くない」と信号を無視するような群集心理が一部に生じて、周囲に伝染していくわけである。

話をプレゼント・ゲームに戻すと、実は、一九八四年、全米科学振興財団が『サイエンス』誌上で、私がクラスに行ったのと同じような実験を行ったことがある。ルールは、読者が「一〇〇ドル」か「二〇ドル」のどちらかをハガキに書いて財団に送り、もし「一〇〇ドル」の希望者が全体の二〇パーセント以下であれば、全員に書いた通りの金額を支払うというものだった。

このゲームを計画した『サイエンス』編集部は、顧問の社会心理学者の「腐ったリンゴ仮説」と数学者のゲーム理論の計算に基づいて、財団は絶対に賞金を支払わずに済むはずだと主張したが、財団は万一の場合を考えて、ロンドンのロイズ保険に保険を掛けたいと申し出た。ところが、ロイズ保険は、学者の予測を信用しなかったらしく、この実験の保険は拒否されたのである！

したがって、賞金は実際には出ないことになってしまったのだが、ともかく読者は、賞金が出るものと仮定して参加することになった。その結果、参加者は三万三五一一人にのぼり、二万一七五三名が「二〇ドル」、一万一七五八名が「一〇〇ドル」と書いた。つまり「一〇〇ドル」と書いたハガキの割合は三五・一パーセントで、仮に実際に賞金が掛かっていたとしても、全米科学振興財団は何も支払わずに済んだという結果に終わったのである。

†東大生の論理④負けず嫌いで再度チャレンジする

さて、この話を聞いていた東大生の手が挙がった。「アメリカの実験では二〇ドルと一〇〇ドルで差は五倍、先生のゲームでは一〇〇〇円と一万円で差は一〇倍、それに対して、アメリカの裏切り者は三五・一パーセント、クラスの裏切り者は三八・六パーセントだったわけですから、相関関係から考えてみると、むしろ東大生の裏切り者は少なかったのではないでしょうか？」

たしかに、そうかもしれない。ともかく私は、あくまで「社会的ジレンマ」をわかりやすく解説するためにゲームを実施したのだが、どうもクラスの裏切り者がアメリカの一般読者の裏切り者の比率よりも高いか低いかという点が、東大生を刺激したらしいのである。ここで私が思いもしなかったので驚いたのは、クラスの大部分の東大生がゲームを「勝ち負け」の感覚で捉えていて、しかも自分たちがゲームに「負けた」と認識しているらしいことだった。

別の東大生の手が挙がり、クラスが「負けた」原因は、ペナルティがなかったからだと言い出した。つまり、もしこのゲームの参加者に「負けたら自分も支払わなければならない」というリスクがあれば、無神経に「一万円」と書く東大生は少なかったはずで、クラスはゲームに「勝って」いたはずだと言うのである。

すると、他の東大生の手が挙がって、リスクを加えるのであれば、全員参加でなく自由参加にすべきだと言った。その方が、考えもせずに適当に金額を書き込むような参加者がさらに減って「勝てる」はずだからだと言うのである。いやはや、「負けず嫌いで再度チャレンジする」という東大生の熱意は、驚くべきものではないだろうか！

†東大生からの挑戦

というわけで、私は、彼らからの挑戦を喜んで受けることにした。今日のコメントシートの裏には、まずゲームに①「参加する」か「参加しない」かを記入し、次に「参加する」場合に限って、②「一〇〇〇円」か「一万円」を記入する。この新たなゲームでは、もし「一万円」記入者が「参加する」学生の二〇パーセント未満であれば、記入された通りの金額を私が学生に支払い、もし「一万円」記入者が「参加する」学生の二〇パーセント以上であれば、記入された金額を学生が私に支払うリスクを負うものとする。

「このルールでよいかな？」と尋ねると、クラスの東大生たちは嬉しそうに頷いた。「やったね！」とか「これで楽勝！」とかいう声も聞こえる。私は、ここまで嬉しそうにしているクラスが勝ちやすくなるように、もっとルールを甘くして「二五パーセント未満にしてもいいんだけど……」と危うく口が滑りかけたほどだった。

さて、この日のコメントシートには、前回のゲームに「一〇〇〇円」と書いていたにもかかわらず、報われない結果に憤慨した東大生の次のような記載があった。

「ちょっとみんなバカすぎ！　高橋教官にひと泡吹かせたい、という気持ちはないのか？……みんな『他の人が一〇〇〇って書く』ってある種〝信頼〟したからこそ『万』って書いたのか？　だとしても、自分と似た思考をする人は割と多い（自分は特別じゃない）ってのを自覚すべき。ノリが悪い！　一人一人が盛り上げていくってのが常識！　これで『万』が三パーセントとかだったら超盛り上がっただろうに。正直な話、『万』を選ぶ気持ちは、いくら説明されたって〝納得〟できない！」

この東大生のコメントシートの裏を見ると、今日の新たなゲームには「参加する」と答え、いったん「一〇〇〇円」と書いてあるものを上から×印で大きく消して「一万円」と書き直してあり、その横に「結局、人間は生きたいように生きる」と書いてあった！　これを研究室で読んでいた私は、飲んでいたコーヒーを吹き出して笑ってしまい、大事なネクタイを台無しにしてしまった。その意味で、彼は、たしかに私に「ひと泡吹かせた」ことになったのである！

第五回講義
「ナッシュ均衡」と「アヒルの選択」

第四回講義で提出されたコメントシートの総計は一七一枚であり、その裏に記載してあった数字を集計した結果、①ゲームに「参加する」は一〇四枚（六〇・八パーセント）、「参加しない」は六七枚（三九・二パーセント）、そしてゲーム参加一〇四枚のうち、②「一〇〇〇円」と書いたシートは七五枚（七二・一パーセント）、「一万円」と書いたシートは二九枚（二七・九パーセント）だった。

つまり、ゲーム参加者のうち「一万円」と書いたシートの数は、プレゼントの成立する上限二〇パーセントを上回る二七・九パーセントだったため、私からのプレゼントは成立しない。さらに、今回のゲームでは参加者がリスクを負う約束であり、仮にこれが「リアル」なゲームだったら、クラスでゲームに参加した東大生は、二九名が「一万円」と七五名が「一〇〇〇円」の総計三六万五〇〇〇円を私に支払わなければならなくなったのである！

†再挑戦の結果の理由

これらの集計結果の数字を黒板に書いていると、後ろから見ているクラス全体から一斉に「ふー！」というため息のような声が聞こえて、同時に何人かの東大生の自嘲的な笑い声が響いた。せっかく再挑戦したのに、なぜこのような結果になってしまったのか？　クラスに感想を尋ねると、次のような返事が返ってきた。

東大生E　今回のゲームでは、さすがに「一万円」と書く人はほとんどいないと思っていたのに、大バカ者が二九人もいたとは！　というボクも、実は欲望の罠にはまって「一万円」と書いてしまった大バカ者でした。みんな申し訳ない……。

東大生F　悔しい！　とても悔しいよ！　なんでみんな「一〇〇〇円」と書かないんだ！　東大生のクオリティがこんなものだったとは、あははは……。

東大生G　前回のゲームの結果を認識している以上、大抵の人は「一〇〇〇円と書けばよかった」と思ったはず。だから今回のゲームでも「一万円」と書いた裏切り者は、前回の三八・六パーセントに比べたら、一〇パーセント近くも減少しているじゃないか……。

ところが、そこで「皆が一〇〇〇円と書くんだったら、自分だけは一万円と書いてみよう」と考える人が出てくる。こうして勝手に自分の利益を追求しようとする裏切り者が出現する限り、この悪循環からは抜け出せない。つまり、何回やっても、我々は勝てないんじゃないかな……。

東大生F　しかし、今回のゲームではリスクもあったんだよ！　負けたら一万円支払うリスクを負ってまで「一万円」と書くなんて信じられない。人間の欲望とは恐ろしいものだ！

ボクは「一〇〇〇円」と書いたけど、「一万円」と書いた人には裏切られた気がする！

東大生G　要するに、「一万円と書く人は二〇パーセントを超えない」と信じた人が、二〇パーセントを超えたというだけの話でしょ？
ボクは参加しなかったけど、リスクを負ってまで参加したい人たちは、それだけ金銭欲が強いということを明示しているわけ。とくにクラスのなかでも強欲な人ばかりが参加している集団だから、「一万円」と書いた裏切り者が多かったことも納得できる。
むしろこれが全員参加だったら、今回のゲームに参加しなかった冷静な六七名のほとんどは「一〇〇〇円」と書いていたはずだから、クラスの楽勝だったかもしれないが……。
東大生E　いやいや、結局、必死さが足りないんだよ。ボクだって「一万円」と書いて負けたって、本気で支払うわけじゃないと思ったから「一万円」と書いたんだし……。
東大生H　よし、わかった！　先生、最後にリアルの真剣勝負でやりましょう！　みんなが本気で考えて賭けて参加したら、絶対勝てると思う。日曜日に天皇賞で負けた分は、これで取り返すんだ！

東大生F　あのね、学生が馬券を購入しちゃいけないんだよ！　それに、リアルでやったら、このゲームは「賭博法」に抵触するんじゃないですか？　しかもそれを国立大学法人の教室でやるなんて、絶対マズイに決まってるし……。

東大生H　あれ、二〇〇五年に「競馬法」が改正されたのに知らないの？　今は未成年でなければ学生でも馬券を購入して構わないルールであって……。

東大生D　何の話をしてるのよ、賭け事の話じゃないでしょ！　リアルであろうとなかろうと、私たちはゲームのルールを十分理解したうえで、参加したい人だけが参加して、それでも裏切り者が二〇パーセントを上回ったということ……。

結果的にクラスの誰も何も貰えないし、逆に損失が出たということは、ワタシたち全体が理性的でないということが証明されたわけじゃないの？

†社会的ジレンマ国際学会

たしかに、クラスの東大生は前回の授業で「社会的ジレンマ」の意味について十分にディスカッションして理解していたはずであり、そのうえで自分たちが作り上げたルールで私に再挑戦した。ただし、ここで注意してほしいのは、それが成功しなかったからといって、彼らが「理性的でない」ことにはならないということである。

実際には、いかに豊富な知識を持った「理性的」な人々ばかりが集まった集団でも、社会的ジレンマを解決することは容易ではないのである。クラスの東大生を励ますためにも、このような実験の実例を挙げよう。[13]

一九八八年、オランダのフローニンゲンで「第三回社会的ジレンマ国際学会」が開催された。この学会に世界中から集まった四三名の参加者は、全員が社会心理学から認知科学にいたる幅広い分野の代表的な研究者で、もちろん「社会的ジレンマ」に関連したゲーム理論やグループ・ダイナミクス論に関する最先端の知識を持つ専門家ばかりである。

この学会を主催したカリフォルニア大学サンタバーバラ校の社会心理学者ディヴィッド・メシックは、この稀な機会を活かそうと、学会の参加者全員に次のようなゲームを提示した。

ルールは、参加者が最大一〇ギルダーまでの好きな金額を出資するという単純なもので、もし出資の合計が二五〇ギルダー以上であれば、主催者は参加者全員に一〇ギルダーずつの配当金を支払い、もし出資の合計が二五〇ギルダーに満たない場合は、出資の合計を主催者が没収する。もちろん、参加者が相互に相談することは許されていなかった。

もし読者がこの学会に出席していたら、どのようにお考えになるだろうか？　かりに四三名全員が均等に六ギルダーずつ出資すれば、合計は二五八ギルダーとなって、配当条件の二五〇ギルダーを超えるので、全員が一〇ギルダーを受け取ることができる。つまり、全員が差し引き四ギルダーを儲けることができる……。

といっても、参加者のなかには五ギルダーしか出資しない裏切り者がいるかもしれない。そのことを考慮して、あなたが余裕をもって七ギルダーを出資したとしても、合計が配当条件の二五〇ギルダーさえ超えれば、一〇ギルダー戻ってくるので三ギルダーは儲けることになる。この場合、五ギルダーの出資者は五ギルダー儲けるので、あなたからすればシャクかもしれないが、少なくとも参加者全員としては主催者に勝つことになる。

しかし、もし二ギルダーや三ギルダーだけしか出資しないような裏切り者が多ければ、出資の合計そのものが二五〇ギルダーに満たなくなり、あなたの出資も消えてなくなることになる。したがって、あなたは、参加者のうち何名が協調して六ギルダーよりも多目に出資するか、何名が裏切って六ギルダー未満の「ただ乗り」で得しようとしているかを予想して、実際の出資額を決めなければならないだろう……。

それでは、実際に行われたゲームの結果を発表しよう。国際学会の四三名の出資の合計は、二四五・五九ギルダーだった。よって、配当条件の二五〇ギルダーに四・四一ギルダーが不足していたため、彼らは何も受け取れないばかりか、彼らの出資した金額はすべて主催者に没収されたのである！

このゲームの参加者は、出資の合計が配当条件を満たすと考えるか否かも予想していた。そこで興味深いのは、出資が条件を満たすと考えた参加者二七名が平均七・二四ギルダーを出資していたのに対して、出資が条件を満たさないと考えた参加者一二名は平均一・八三ギルダーしか出資していなかったことである（なお、この予想に答えなかった参加者四名は平均七・〇ギルダーを出資していた）。

つまり、他者が協調すると予想した人は自分も協調して七ギルダー以上を出資し、他者が裏切ると予想した人は自分も裏切って二ギルダー以下しか出資していない。なかには最初から失敗を予想して、まったく出資しなかった参加者が七名いたが、逆に全体の利益のために一〇ギルダーを出資した参加者も八名いた！

このゲームに類似した数多くの実験を行い、その結果を分析して多彩な論文を書き、何が起こるのかを予測できたはずのプロの専門家集団でさえ、社会的ジレンマに打ち勝つことはできなかったのである！

†囚人のジレンマ

社会的ジレンマの原点に位置するのが、二人の選択において生じる「囚人のジレンマ」である。これは、一九五〇年、プリンストン大学の数学者アルバート・タッカーが講演した次のような話に基づいている。

二人の銀行強盗が警察に捕まったとしよう。検察官は二人に罪を認めさせたいが、囚人は刑期を短くしたいと考えている。そこで検察官は、二人を別々の独房に入れて、次のように言う。

「お前も相棒も黙秘を続けることができたら、銀行強盗は証拠不十分で立件できない。せいぜい武器不法所持の罪で、二人とも一年の刑期というところだろう。逆に二人とも銀行強盗を自白したら、刑期はそろって五年になる。しかし、お前が正直に二人で銀行強盗をやったと自白すれば、捜査協力の返礼としてお前を無罪放免にしてやろう。ただし、相棒は一〇年の刑期になるがね。どうだ？」

おそらく囚人は、相棒に協調して黙秘を続けるべきか、相棒を裏切って自白すべきか、考え込むだろう。さらに検察官は、次のように催促する。「実は、お前の相棒にもまったく同じことを話してあるんだ！　もし相棒が先に自白してお前が黙秘を続けたら、相棒は無罪放免だが、お前は一〇年も牢獄行きだぞ！　さあ、どうする？　急いで自白しなくていいのか？」

この状況で、二人の囚人は深刻なジレンマに陥る。もしお互いに黙秘を続ければ、一年の刑期で二人とも出所できるため、それが二人にとって最もよい結果であることは明白である。しかし、もし相棒が裏切ったらどうなるか？　相棒はすぐに出所して自由になれるが、自分は一〇年間も牢獄に閉じ込められてしまう……。

結果的に、二人の囚人はそろって自白して、どちらも五年の刑になってしまう。そして二人は刑務所で考え込むわけである。お互いが黙秘していればたった一年で済んだはずなのに、もっとうまくやる手はなかったのか、もっと「理性的」な選択はなかったのかと……。

†「集団的合理性」と「個人的合理性」

映画『ビューティフル・マインド』でも知られるプリンストン大学の数学者ジョン・ナ

ッシュは、社会的ジレンマを数学的に解析して現代ゲーム理論の基礎を築き、一九九四年にノーベル経済学賞を受賞した。ナッシュは、囚人のジレンマのような状況で、一方のプレーヤーが最適な戦略を採ったとき、他方のプレーヤーもそれに対応する戦略を最適にするという「ナッシュ均衡」が存在することを証明したのである。

「均衡」あるいは「安定」という概念は、自然科学のさまざまな分野に登場する。たとえば、紅茶に砂糖を入れ続けると、ある時点で化学的に「平衡」あるいは「均衡」な状態になり、砂糖は溶けなくなって沈殿し、紅茶もそれ以上は甘くならなくなる。ナッシュは、囚人のジレンマにおいても各自が最善を尽くした結果としての均衡状態があることを示したが、それは、二人の囚人がどちらも「裏切る」という選択なのである。

この選択では、どちらの囚人も五年の刑になる以上、それが二人にとって最適な状態とはいえないように思われるかもしれないが、かといって協調して相手に裏切られて一〇年の刑になるよりはマシだということである。

仮に二人の囚人が、捕まった場合には必ず協調することを事前に約束していたとしよう。そのため彼らは、毎日続く取り調べのなかでも、それぞれが相棒を信じて黙秘を続けているとする。しかし、いくら堅く約束していたとしても、もし相棒が裏切って自白したら、その瞬間、相棒は無罪放免だが自分は一〇年の牢獄行きが確定してしまう……。

おそらく二人の囚人は、お互いに疑心暗鬼に陥ることだろう。このように、相手の戦略次第で自分の将来が左右される状況は、ナッシュによれば「不安定」なのである。したがって、二人の囚人は、相手が裏切る前に自分が裏切るという戦略を選択せざるをえなくなり、その結果、二人とも五年の刑に服するという「安定」した状態に落ち着くことになる、というのがナッシュの考え方である。

もっとも、ナッシュ均衡が必ずしも「理性的な選択」を意味するわけではないという考え方もある。たとえばトロント大学の心理学者アナトール・ラパポートによれば、囚人のジレンマの状況では、「理性的」な人間であれば、あくまで相互に「意識して」協調して黙秘を貫くべきだということになる。なぜなら、二人の囚人が疑心暗鬼を振りきって取り調べに耐え抜くことさえできれば、二人とも一年の刑期で出所できるわけで、それが二人にとっての最大の利得だからである。

囚人のジレンマでは、「個人的合理性」は「裏切る」ように命じ、「集団的合理性」は「協調する」ように命じる。そして、二人の囚人が「個人的合理性」よりも「集団的合理性」にしたがって行動する方が、両者にとって望ましい結果となることを両者が知っている以上、二人はそのことを「意識して」協調すべきであり、それこそが「理性的」なのだとラパポートは考えるわけである。

すでに囚人のジレンマが公表されてから六〇年になるが、協調すべきか裏切るべきか、どちらの行動をとるのが「理性的」なのかについては、いまだに議論が続いている。実際に、これまで何度も実施されてきた「囚人のジレンマ」の模擬実験によれば、約六〇パーセントが「裏切る」一方で、約四〇パーセントが「協調する」という結果が出ている。[14]クラスの東大生に挙手を求めた結果も、ほぼこれと同じような比率だった。もしかすると、この比率には、「理性」を超えた根源的な人間の本性のようなものが関わっているのかもしれない。

ちなみに、私の敬愛する論理学者レイモンド・スマリヤンと認知科学者ダグラス・ホフスタッターも、会うたびにこの問題で論争を繰り返しているそうだ。[15]二人は、それぞれ『パズルランドのアリス』や『ゲーデル・エッシャー・バッハ』で知られるように、論理パズルやパラドックスを明快かつ愉快に解説するうえでの世界的な第一人者同士であり、かつてはインディアナ大学の同僚で、親友でもあるのだが、囚人のジレンマに対しては、スマリヤンは「裏切る」べきでホフスタッターは「協調」すべきだと言って譲らず、この点だけは永遠に合意できないということである。

†アヒルの実験

一九七九年、ケンブリッジ大学の生物学者デイヴィッド・ハーパーは、大学の植物園の池に住むアヒルに餌を投げているうちに、興味深い実験を思いついた。[16] 彼と助手は、池を挟んで二手に分かれて、まったく同じ大きさに切り分けたパンを池に投げた。ただし、ハーパーは五秒に一切れ、助手は一〇秒に一切れを正確に投げ入れたのである。

さて、もし読者がお腹をすかせたアヒルだとしたら、どちらの人間に接近するだろうか？　もちろん、五秒おきにパンの投げられる場所に行く方が、より多くの餌にありつけそうだが、他のアヒルも同じように考えて同じ場所に集まってくれば、逆に混雑して餌の奪い合いになる可能性も高い。それならば、一〇秒おきにパンの投げられる場所でゆったりと食べる方がよさそうだが、他のアヒルも同じように考えたら、むしろこちらの方が混雑するかもしれない。どちらへ行けばよいのだろうか？

この状況をゲーム理論に当てはめると、すべてのアヒルが餌を最大限食べられるような状態がナッシュ均衡となる。実際に計算してみると、この状況のナッシュ均衡は、五秒おきに投げられる場所に三分の二、一〇秒おきに投げられる場所に三分の一のアヒルが集まる場合となることがわかる。

さて、現実のハーパーの実験結果は、驚くべきものだった。餌を投げ入れ始めて約一分後、アヒルたちは、五秒おきに投げられる場所に二二羽、一〇秒おきに投げられる場所に一一羽が集まったのである。まるでアヒルたちは、ナッシュ均衡を知っているかのように、きれいに三分の二と三分の一に分かれたのである！

そこでハーパーは、もっと実験を複雑なものにした。今度はパンのサイズを変えて、投げられるパンの総量と投げられる速度の組み合わせを統合した結果が二対一の割合になるように調整した。その結果、こちらの複雑な実験では数分間かかったが、やはりアヒルたちは、ナッシュ均衡の割合どおりに分かれて餌を食べたのである！

そもそもゲーム理論は、人間がどのようにすれば利得を最大にできるか、いかなる戦略の可能性があるのか、どの選択が「理性的」なのかを研究するために生まれた分野だった。ところが、実は、ゲーム理論は生物学や進化論に関わる多彩な問題にも深く関係し、今では自然科学全体に影響を及ぼす可能性さえ示唆されているのである。

†東大生の論理⑤想像力が豊かで発想を転換できる

この日の東大生のコメントには、次のようなものがあった。「無作為に大量のサンプルを選ぶと統計学的には正規分布するように、集団の中には必ず強欲な人と謙虚な人がいる。その割合は不思議なことにいくらやっても変わらないというのは、アヒルの例からも明らかである。僕らは個人のレベルでは頭をフルに働かせ、合理的な判断をしているように見えても、生物としての種の一員としてみれば、何か見えないダイナミクスに操られて動いているだけではないのかと、少し恐怖を覚えた。この講義の後、僕はラーメンを食べるつもりだが、これは僕の意志で本当に行っているのか？？？」

ここで、授業で行ったゲームやアヒルの実験の話から「何か見えないダイナミクス」を想像する東大生のセンスが、非常に重要なのである。というのも、ハーパーがアヒルの餌からナッシュ均衡を思い浮かべたような発見の背景には、偏狭な視野にとどまらず「想像力が豊かで発想を転換できる」ことが必要不可欠だからである。

「この講義の後、僕はラーメンを食べるつもりだが、これは僕の意志で本当に行っているのか」という疑問に至っては、まさに「自由意志」に関わる哲学の根本問題である。あらゆる現象を過去からの物理的因果関係の連鎖とみなす「厳密な決定論」によれば、そもそも「自由意志」自体が存在しない。つまり、「自由意志」は人間の抱く「幻想」にすぎないとみなされるわけだが、それでは人間は自己の決定に責任を持てないことになってしまう。そのため、「自由意志」は古代から哲学者が大論争を繰り広げている根本問題なのだが、ともかく理系の一年生が、このような疑問に到達できただけでも、すばらしいセンスなのではないだろうか……。

第六回講義 「パレートの法則」と「マーフィーの法則」

第五回講義のコメントシートのなかに、ある東大生の次のような自問自答があった。もし二回目のプレゼント・ゲームの参加者が、一回目のゲームで「一〇〇〇円」と書いた一〇八名だけだったとしたら、そこには協調性に富んだ学生しかいないのだから、裏切り者は出なかったのではないか……。しかし、その場合、彼らは自分たちが協調性に富んだ学生ばかりだと知っているからこそ、逆に自分だけは「一万円」と書いてもよいではないかと考えるようになり、その結果、やはり裏切り者が二〇パーセントを超えてしまうのだろうか……。

この東大生は、続けて次のように述べている。「アリの集団を観察すると、その八割ほどが働き、残りの二割はほとんど働かないそうです。その集団から働かない二割のアリを除くと、全部のアリが働き始めるのかというとそうではなくて、やはり八割ほどが働き二割はほとんど働かない割合になるとか……。これは、集団が未知の危機に陥るような万一の場合に備えて、集団全体の余力を備えておくための本能のようなものではないかという研究が進められているそうです。もし人を裏切ることが一定数存在するということが生物学的な本能で定まっているとしたら、クラスで裏切った人を責めることもできないような気がしてきました……」

†「働かないワーカー」

実に興味深い指摘である！　たしかに、黙々と働く生き物の代名詞でもある「働きアリ」の約二割が、実際にはほとんど働いていないという観察結果が公表された際には、マスコミでも大きな話題になった記憶がある。これは、二〇〇三年、北海道大学の進化生物学者の長谷川英祐氏が、カドフシアリを約三〇匹ずつの三つのコロニーに分け、一匹ずつにマーカーで印を付けて五カ月間にわたり毎日三時間の観察を続けた結果、確認された報告である。[17]

血縁関係で構成される各コロニーに共通して、八割のアリは、エサを取ったり、巣の掃除をしたり、女王アリの卵を舐めてきれいにする「労働行動」を行っていたが、残りの二割のアリは、ただ停止しているか、自分の身体を舐めているか、単に移動しているだけという「非労働行動」に分類された。

このような「働かないワーカー」は、トゲオオハリアリやミツバチの集団にも確認されているそうで、社会性昆虫に広く存在する可能性が考えられる。長谷川氏によれば「働かないワーカーは単なる利己的個体ではなく、働かないことそのものがコロニーの存続にとって意味を持っている可能性もある」ということで、東大生のコメントにあった「集団全体の余力」という解釈も十分成立する可能性があるらしく、今後の解明が待たれる。

ただし、このような社会性昆虫の「集団行動の最適化」の研究は始まったばかりで、東大生のコメントにあるような「働かない二割のアリを除くと、全部のアリが働き始めるのかというとそうではなくて、やはり八割ほどが働き二割はほとんど働かない割合になる」という結果は、未だ科学的に確認されたものとは言えないようである。

長谷川氏の論文では、「さらに、『働き者』『怠け者』をそれぞれ取り除いたコロニーで、残された個体の労働パターンがどのように変化するかを調べたが、働かないものは働かないままであり、働き者を失ったコロニーで不足する労働力を補ったのは次に働いていた個体であった」というのが、観察結果から導かれた帰結になっている。

ちなみにネットで「働きアリの法則」を検索してみると、むしろ逆に、働きアリは、二割が非常によく働き、八割はほどほどにしか働かないが、そこで非常によく働く二割を除くと、ほどほどにしか働かなかった集団から非常によく働く二割が出現するという説も出てくるが、こうなると観察結果に尾鰭が付いて、話が創作されてしまっているようである。

実は、集団を二割と八割に分ける経験則は、経済学に登場するもので、「二・八の法則」とか「二〇・八〇の法則」あるいは「パレートの法則」などと呼ばれている。

イタリアの経済学者ヴィルフレド・パレートは、一八九六年、一九世紀のイギリスの所得と資産の分布を詳しく調査したところ、イギリスの資産総額の約八〇パーセントが、約二〇パーセントの富裕層に集中していることを発見した。さらにパレートは、当時の経済体制の異なる国々の異なる時期においても常にこの比率が継続して一定に保たれていることを指摘した。その後、この比率が、他のさまざまな経済現象にも適用できるとみなされるようになったのである。

たとえば「全体売上の八〇パーセントは、全商品の二〇パーセントが生み出している」とか「全体売上の八〇パーセントは、全顧客の二〇パーセントが購入している」、あるいは「税金総額の八〇パーセントは、課税対象者の二〇パーセントが納付している」とか「結果の八〇パーセントは、原因の二〇パーセントから生じる」といった具合である。

「経営の神様」と呼ばれるパナソニック株式会社創始者の松下幸之助氏は、「二・六・二の法則」を提唱している。こちらは、パレートの法則を拡張して、集団の二割は非常によく働き、六割はほどほどに働き、二割はまったく働かないという説になっている。つまり、社員の二〇パーセントは「他人の給料分まで稼ぐ人」、六〇パーセントは「自分の給料を稼ぐのが精一杯な人」、残りの二〇パーセントは「他人が稼いだお金で給料を貰っている人」というわけである。

ただし松下氏は、下位の二〇パーセントをリストラすべきだと言っているのではなく、むしろ会社はそれだけの利益を上げて、余力を持って全社員を雇用すべきだと主張している。というのも、この比率は永遠に固定されているものではなく、会社が社員の能力に応じて上手に活用していくうちに、いつかは下位の二〇パーセントから上位の二〇パーセントに育つ社員が必ず生じるからであり、それが松下氏の「人を育てる」経営哲学だということである……[18]。

†「失敗する可能性があれば、それは必ず失敗する」

「働きアリの法則」にしても「パレートの法則」にしても、たしかに一種のアナロジーとしては、他のさまざまな現象に当てはめることができるかもしれない。たとえば大学の教室を見渡してみると、優秀な学生は二割、普通の学生は六割、不真面目な学生は二割のように見えなくもない。あるいは、国会を見渡してみると、改革派の議員は二割、普通の議員は六割、保守派の議員は二割のように見えなくもない。だが、本当にそうなのだろうか？ 実際には、まったく異なる分類や比率を、いくらでも考えることができる点に注意が必要であろう。

そもそも学生のどの部分を見て「優秀」と判断するのか、国会議員のどの政策に対する所信によって「改革派」と判断するのかだけでも容易でない。クラスの東大生の優秀度は「七・二・一」であり、国会の議員の改革度は「三・四・三」かもしれない。要するに、生物学上の発見や経済学上の経験則を他の現象に拡張して、集団を区別してラベル分けするような「法則」について語る場合には、あくまでそれがアナロジーに過ぎないことを自覚しておかなければならないのである。

この種の「法則」の話を聞くと必ず思い浮かぶのは、グラフ理論の創始者の一人でもあるミシガン大学の数学者フランク・ハラリー教授のことである。

先生のセミナーに私が出席したのは、退官される最後の冬学期だったが、その年のミシガン大学フットボール・チームは、名将ボー・シュンベックラー監督の元で「ビッグ・テン・コンファレンス」を順調に勝ち進んでいた。このチームの熱狂的ファンを自認される先生は、授業の最初にミシガンのスクールカラーを応援して〝Go Blue!〟と絶叫され、学生が全員一緒に唱和するまで、何度でも繰り返して止めない。

誠に不謹慎なことだが、御高齢で痩身の先生が両手を挙げて飛び跳ねて叫んでいる姿を拝見して、もしかすると常軌を逸したのではないかと思うことも何度かあったのだが、講義を開始して数学の話になると、突然人格が変わったかのように表情が正常に戻るので、胸を撫で下ろした覚えがある。ともかく、先生の応援の効果があったためか、その年のミシガン大学はコンファレンスで優勝し、正月恒例のローズ・ボールでも優勝して、全米トップの栄冠を手にした。

さて、そのハラリー教授の口癖が、「失敗する可能性があれば、それは必ず失敗する」

という「マーフィーの法則」だったのである。グラフ理論は、数学の中でもとくに応用範囲が広いことから、新たな「法則」を発見したという報告が後を絶たない。とくに、これまでに合致例は無数に見つかり、他の理論との整合性も十分満たしているにもかかわらず、厳密には証明されていないような「法則」が数多いのである。

当時は「任意の地図を塗り分けるためには四色で必要十分である」という「四色問題」がイリノイ大学グループの膨大なコンピュータ処理によって解決されたばかりだったが、これを数学的な「証明」とみなすか否かについても意見が分かれていた。事実上の解決が、必ずしも数学者好みの「エレガントな証明」を与えているわけではなかったためである。

もちろん、四色問題のような例はごく稀で、むしろ、それ以前の段階で反例が発見されて、予想された「法則」そのものが成立しないことが明らかになる場合も多い。すると、ハラリー教授は、「わははは、マーフィーの法則！　この予想も残念ながら、ゴミ箱行きだ！」と、実に嬉しそうに紹介されるのである。

†ポップ・マーフィー

「マーフィーの法則」の由来は、アメリカ空軍開発センターの試験飛行パイロットだったエドワード・マーフィー大尉の言葉にある。ただし、そのオリジナルは「何かをするのに何通りかあり、そのうちのひとつがうまくいかないものであるとき、誰かがそれに行き当たって試してしまうものである」という内容だったことが、近年になって明らかにされた。[19]つまり、マーフィー大尉は、飛行機の衝突実験などで災害を避けるために、事前にあらゆる可能性を考えておくべきだという航空技術者らしい警告を述べていたに過ぎなかったわけである。

ところが、航空産業の広告が、それを「悪いことが起こる可能性があれば、それは必ず起こる」という表現で大きく取り上げたために、ブラック・ジョークとしての「マーフィーの法則」が一躍広まることになった。その後、作者不詳のマーフィーの法則が次々に生み出され、これらは「ポップ・マーフィー」と呼ばれるようになった。

有名なポップ・マーフィーには「何ごとも見かけの容易さほど容易でない」と「どんなことも予想した以上の時間がかかる」がある。科学者向けの「変数は値が変わらず定数は値がすぐ変わる」や、会社員向けの「仕事は必ずそれに与えられた時間いっぱいかかる」などもよく知られている。

マーフィー現象について調査を行った『ディスカバー』誌の編集者ジュディス・ストー

ンによれば、ポップ・マーフィーの起源は、紀元前に暗殺されたシーザーの言葉「悪いことはきっと起こる」にまで遡ることができる。スペインの諺「シミは必ず一番いい服につく」や、イギリスの「ソッド」とよばれるジョーク「パンは必ずバターを塗った面を下にして落ちる」をはじめ、その類型は多くの文化圏に共通して見られるという。ストーン自身の発見した「法則」によれば、「たまたま化粧をしない日があれば、それは別れた夫とバッタリ会う日である」ということである。

†法則と論理

「ポップ・マーフィー」については、失敗に対するネガティブな感情を押し流す「笑い」を与えるという意味で、これを高く評価する意見がある一方、不注意を警戒して懸命に問題に対処する気持ちを萎えさせるという意味で、「心理学的に危険」とみなす意見もある。

いずれにしても、「ポップ・マーフィー」が常に成立する「法則」でないことは、明らかだろう。たしかに、たとえば車をピカピカに洗車した帰り道に、雨が降ってくることもある。このようなシャクな事例の組合せは、とくに鮮明に記憶に残るため、「洗車したときに限って雨が降る」といったポップ・マーフィーに結び付けられやすい。

しかし、実際の「洗車」と「雨」の間には、次の四通りの組み合わせがあることに注意しなければならない。

論理的に「洗車したときに限って雨が降る」という同値命題を真にするのは「ケース1」と「ケース4」の場合である。記憶には残りにくいが、洗車したが雨は降らなかった「ケース2」と、洗車しなかったが雨が降った「ケース3」の場合は偽になるため、無数の反例の存在することがわかるだろう。

ケース	洗車する	雨が降る
1	○	○
2	○	×
3	×	○
4	×	×

ただし、同値命題を弱めた「もし洗車したら雨が降る」という含意命題では、「ケース2」の場合を除いて、他の組合せすべてが真となる。一般に「もしPならばQである」という形式の含意命題は、Pが真かつQが偽の組合せを除いて、すべて真とみなされるためである。

その理由は、この命題が「PではないかQである」と同値であることを思い起こせばわかりやすいだろう。つまり含意命題は、Pが偽の場合は無条件で真になるのである。したがって、「もし洗車したら雨が降る」という命題は、現実世界で考えてみると、反例よりも合致例の方がずっと多くなってしまう。

「もし私が鳥だったら空を飛べるのに……」という文は、英語では“If I were a bird, I could fly in the sky.”のように、いわゆる「仮定法過去」を用いて表現する。動詞と助動詞を変化させることによって、「私は鳥である」（P）も「空を飛べる」（Q）も、事実に反する仮定に過ぎないことを示しているわけである。論理的には「私は鳥である」という前提が偽である以上、後に続く結論部分が真であろうと偽であろうと、文全体は真とみなされることになる。

「すべてのカラスは黒い」のように「すべてのPはQである」という形式の普遍命題を考えると、もっとわかりやすいかもしれない。このとき、一羽でも「黒くないカラス」（PでありQでない）という反例が発見されれば、この命題は反証される。その一方で、いかに何千羽あるいは何万羽の「黒いカラス」（PでありQである）という合致例が発見されたとしても、それが「すべて」でない限り、普遍命題そのものが証明されることにはならない。

実は、現実社会における論理は、「反例」を示す場合には非常に強力な効果を発揮するが、「合致例」に対しては、ほとんど無力にならざるをえないのである。この点に注目して、普遍命題の「検証」を主眼とする「実証主義」に対して、逆に普遍命題を「反証」する方法論を基盤とする「反証主義」を確立したのが、哲学者カール・ポパーである。ポパーの発想は、その後の科学哲学にも重大な影響を与えている。

†自主レポート

さて、シラバスにも述べたように、私は論理が「何に使えるか、どのような思考に適用できるか、いかなる発想を導くことができるか」を常に頭の片隅で考えながら授業に参加するように、クラスの東大生に求めてきた。といっても、彼らのアイディアすべてを授業中に扱う時間的余裕はないので、何か思いついたら、それを自発的にレポートにまとめて提出するように言っておいた。

すると、まだ記号論理の初歩的な用語や考え方を説明したばかりの頃だったと思うが、さっそく最初の東大生がレポート用紙五枚にぎっしりと書き込んだレポートを持ってきた。その内容は、「交差点内の信号の理想的状態」を考察するという驚くべきものだった!

このレポートは、まず「自動車用信号が歩行者用信号より先に赤になることはない」や「二方向の信号が共に青になることはない」や「すべての信号が赤になることがある」などの条件を定めたシステムを構築し、具体的にどのような信号状態を優先すれば、自動車と歩行者が最も効率的に通行できるかを導くものである。

つまり、この東大生は、記号論理の基礎とディスカッションに出てきた「最適な選択」の概念を組み合わせて、現実社会の「信号の理想的状態」に応用したわけで、大学一年生としては驚異的な着想といえる。

このレポートについて私がクラスで大絶賛したところ、その次の講義からは、毎週のように五、六名の東大生がレポートを持って来るようになったのである！

そのすべてを紹介できないのは残念だが、『理性の限界』から発展した「世界の首長選挙の比較研究」や「ヘンペルのパラドックスの解決法」、あるいは「記号論理とエスペラントを拡張した新言語の創作」や「ロジカルシンキングに対するコミカルシンキング」など、非常に独創的なレポートがいくつもあった。

最終的な学期末までに、クラスの一六九名の登録受講者中、七二名（四二・六パーセント）が自主レポートを提出したが、このように「自主的に応用し研究を進める」姿勢こそが、学問の基本なのではないだろうか！

†東大生の論理⑥自主的に応用し研究を進める

さて、この日ある東大生が持ってきた自主レポートは、「アヒルの餌とナッシュ均衡」という題名だった。彼は、第五回講義に出てきたアヒルの話に触発されて、次のようなアルゴリズムを作成した。

このアルゴリズムを構成する条件とは、①池Aと池Bに分けて、池Aには五秒に一回、池Bには一〇秒に一回同じ量の餌を投げ入れる、②アヒルは六〇羽とする、③餌を投げ入れる時間は六〇分とする、④アヒルには個体差があり、二羽のアヒルが同じ餌にぶつかる場合、餌を取るのが上手なアヒルが取る、⑤餌を取るのが上手か下手かの個体差は、正規分布にしたがうものとする、⑥アヒルはランダムに餌に接近するが、もし五分間同じ場所にいて餌を食べられなければ、池を移動する、というものである。

さらに彼は、このアルゴリズムを「C⁺⁺」言語のプログラムに書いて、実際にコンピュータで実行してみたのである！　その五回分の実行結果が添付されているので見てみると、六〇分後の池Aと池Bのアヒルの割合は、「三四対二六」、「三七対二三」、「三八対二二」、「三三対二七」、「三九対二一」となっていて、平均値はおよそ「三六対二四」で三対二になっている。この結果は、ハーパーの実験とは条件が異なるため比率も異なっているが、ここで重要なのは、理系の一年生がシミュレーション・プログラムを書いてコンピュータに実行させたという点である。

なお、アヒルの話はクラスの東大生を大いに刺激したらしく、他にも多彩なコメントが書かれていた。端的に「アヒルすげえー！」というのもあれば、「アヒルと人間が同じ理論に当てはまるとは驚愕です！　やはり餌を取る問題は理性ではなく本能や欲望によるものなのか？　あるいはアヒルと人間の理性は実は同程度なのに、人間が自分たちは優秀だと思い上がっているだけなのか？」という感想もあった。

とくに「アヒルだけでなく、他の生物でも実験してみたい。ゴキブリやアメーバでも成立するのか、条件を設定してナッシュ均衡との関係を調べてみたい」と研究意欲を示したものや、「社会的ジレンマをアヒルの餌問題に置き換えて、アヒルに囚人のジレンマを解決させてみてはどうか」という意見も、実に興味深いものである。

人間に解けない問題にアヒルがどのように対処するか？　これは冗談ではなく、もしかすると生物の本質に関わる実験になるかもしれない。というのも、たとえば二〇〇〇年に『ネイチャー』誌に掲載された理化学研究所の生物学者の中垣俊之氏の研究によれば、アメーバ状生物の「粘菌」[20]にさえ、人間にも簡単に解けない迷路を最短ルートで解く能力があるというからである。

そもそも脳や神経系を持たない生物に「知性」は存在するはずがなく、とくに「原形質」と呼ばれる物質の固まりである粘菌の行動を「情報処理」と呼べるのか疑問に思われるかもしれない。それでも中垣氏は、粘菌が「原始的な知性」を持つと述べているが、それではアヒルはどうなるのだろうか？　ぜひクラスの東大生の中から、このように独創的な研究の推進者が現れてほしいものだと願っている。

第七回講義　「進学振分け」と「功利主義」

第六回講義のコメントシートには、理科一類の二年生の「優がほしいです。点がないと行きたい学部に行けないので将来がかかってます。これからも無欠席でがんばりますので、よろしくお願いします」とか、理科二類の二年生の「先生、どれだけ良を大量生産しても、教務課からは何も言われませんから、ご参考までに」など、急に成績評価に関するコメントが増えていた。実は、ちょうどこの週に二年生を対象とする「進学振分けガイダンス」が行われたのである。

†進学振分けと優三割規定

すでに述べたように、東大の学生は、文科一類・二類・三類、理科一類・二類・三類の六類に分かれて入学し、「前期課程」とよばれる最初の二年間の教養学部所属を経て、「後期課程」とよばれる専門学部・学科に進学する。原則的に、文科一類は法学部、文科二類は経済学部、理科三類は医学部へ進学することが決まっているのに対して、文科三類・理科一類・理科二類からは、比較的幅広い後期課程の進学先を選択できるようになっている。

たとえば、理科二類の学生は「農学部・理学部・薬学部・医学部・工学部・教養学部」六学部のさまざまな学科への進学が可能であり、その「進学振分け」については、学生の志望と二年生夏学期終了時点での成績を基準に決定される。具体的には、二年次の九月から「募集・内定者発表」、「再募集・内定者発表」と二段階の選抜方式を経て、三年次の進学先が決まる仕組みである。

当然のことだが、人気の高い学科には志望者があふれ、成績順に上位から決定していく結果、最終的には学生の成績平均〇・〇一点の「底点」の相違で、志望学科に進めたり進めなかったりする場合もある。そこで東大生は、二年生夏学期までの成績に非常に拘ることになるわけである。

一方、成績評価のバラツキを縮小させるため、教員サイドにも東大特有の「基礎科目と総合科目の成績評価においては、優は受験者数の三割程度とする」という「優三割規定」が定められている。この規定は「前期課程の成績評価に関する東京大学教養学部教授会の申し合わせ（一九九九年一月二一日教養学部拡大教授会承認による）」という正式文書に詳しく定義されているのだが、それによると「三割程度」とは「優が受験者の二五～三五％の範囲になることが望ましいことを意味する。優が受験者の二〇～四〇％という範囲を越えた場合には、教員は、採点表提出の際に『理由書』を添付する」規則になっている。[21]

実際の東大の成績報告は、「東京大学教養学部教務電算システム（UTask-Web）」に教員専用のパスワードでログインし、画面上の履修者名簿に順に評点を入力していくと、自動的に八〇点以上に「優」、六五点以上に「良」、五〇点以上に「可」、四九点以下に「不可」の評価が付与されるシステムで行う。その画面上部には、クラス全体の「優・良・可・不可」の各人数と評価割合（パーセント）が表示されて、教員は「優三割規定」に適合しているか否かをリアルタイムで確認できるようになっている。

さて、私のクラスの成績の評価割合は、すでに述べたように、一六九名の登録者中

「優」が六三名（三七・三パーセント）だったので、東大サイドの「望ましい」範囲からは逸脱しているものの、「理由書」を添付するほどではないという微妙な割合になっている。念のため付け加えておくが、これは何も恣意的に評価割合を調整した結果ではなく、あくまで純粋に私自身の日頃の成績基準で判断した結果、そのようになったという次第である……。

†最大多数の最大幸福

クラスの東大生に尋ねてみると、「進学振分け」すなわち「進振り」のおかげで前期課程でも勉強意欲が出るので高く評価するという賛成意見と、それは「他人を蹴落としてでも優を取りに行け」というエゴイズムを助長する非人道的システムだという反対意見の両極端に分かれた。ちなみに、これらの意見を述べたのは直接的に「進振り」の影響を大きく受ける理科一類と理科二類の学生で、ほぼ医学部進学が決まっている理科三類の学生は、ニコニコしながら双方の応酬を見ていた気がする。

他に、「進振り」が二年次夏学期までに取得した全科目の成績の平均値に基づいて決定されるため、どうしても「点取りゲーム」のようになる傾向があり、興味のある講義があっても苦手な分野だと敬遠せざるをえないので、計算方法を変更できないのか、あるいは学科への進学意欲を確認する面接などを取り入れられないのか、という改善案もあった。一方、すべての学生が志望どおりの学科に進むことは物理的に不可能なのだから、「進振り」は「最大多数の最大幸福」を満たすためには仕方のないシステムだという擁護論もあった。

さて、ここで「最大多数の最大幸福とは何か」という質問が出たので、クラスに尋ねてみると、その意味が解らないという東大生が六人ほど挙手した。二〇〇名以上のクラスなので三パーセント程度に過ぎないが、それでも、このように基本的な言葉の意味を知らない東大生もいるということには内心で少し驚いた。やはり理系ということで知識に多少の偏りが生じているのだろうか……。

近代の「快楽主義」すなわち「功利主義」の創始者として知られるのが、イギリスの哲学者ジェレミィ・ベンサムである。ベンサムは、社会全体の「幸福」を個人の「快楽」の総計だとみなした。そして、一人より二人、二人より三人と、より多くの個人が、より多くの快楽を得ることのできる社会を目指すべきであり、その「最大多数の最大幸福」こそが、宗教的権威に代わる新しい道徳だと考えたのである。

それでは、幸福や快楽をどのように客観的に比較すればよいのだろうか。ベンサムは、『道徳および立法の諸原理序説』において、人間の快楽を一四種類に分類している。「感覚・富・熟練・親睦・名声・権力・敬虔・慈愛・悪意・記憶・想像・期待・連想・解放」の快楽である。彼は、これら一つ一つの「快楽」を分類して、その量を数値化して計算すればよいと考えた。たとえば、「感覚の快楽」は、さらに九種類の「味覚・酩酊・嗅覚・触覚・聴覚・視覚・性的感覚・健康・新奇」の快楽に分類される。

ベンサムは、これらの快楽について、①どのくらい強いのかという「強さ」、②どのくらい続くのかという「持続性」、③どのくらい確かなものなのかという「確実性」、④どのくらい待たなければならないのかという「遠近性」、⑤どれほど他の快楽を伴うかという「多産性」、⑥どれほど他の苦痛を伴わないかという「純粋性」、⑦どれほどの数の人々に影響を及ぼすかという「範囲」の七点を数値化し、それを最大にする行為を計算で導き出そうと考えたのである。

ここで東大生の手が挙がって、「そんなに細かな主観的な概念を、どうやって客観的に数値化するんですか」という質問が出た。たしかに、そのとおりである！　実はベンサムは、著書の中では一度もその数値化した実例を示していないのである。ただ、彼がこの理論を主張した一七八九年といえば、フランス革命が起こって人権宣言が決議され、一方ではニュートン力学が確立されて機械論的な世界観が広まってきたような時代だった。つまりベンサムは、理論上、人間心理も物理的に数値化して計算できるに違いないと想定した上で、彼の功利主義を主張したわけである。

†民主主義の不可能性

簡単な例を挙げよう。たとえば、五人の学生が一緒に食事に行くとする。とりあえず、大学の近くにあるカレーか中華かイタリアンの三軒から選ぶとしよう。ここで「最大多数の最大幸福」というのは、各自が行きたい料理店を順に並べて三点・二点・一点を付けて、それぞれの料理店の合計得点を出すようなものである。そうすれば、五人の集団がトータルで最も望んでいる料理店が最も高い得点になるわけで、その店に行けば五人にとってトータルで最大の幸福を得ることができることになる。

この方式は、まさに多数決の「順位評点方式」になることがおわかりいただけるだろう。そして、その多数決に基づくのが「民主主義」なのだが、実は完全に民主的な社会的決定方式が存在しないことは、すでに一九五一年、コロンビア大学の数理経済学者ケネス・アロウによって証明されているのである！　この「不可能性定理」が、拙著『理性の限界』の大きな一つのテーマなのだが、この証明がもたらす意味を話した際には、クラスの東大生も大きな衝撃を受けていた。というのも、投票方式が異なるだけで、現実に実施された選挙結果から、アメリカやフランスの大統領でさえ異なる当選結果の生じることが示されるからである。

さらに、功利主義にはもっと根源的な問題も指摘されている。まず「最大多数」という言葉を考えてみると、そこにどうしても切り捨てられる個人が出てくることが予想できるだろう。たとえば、さきほどの例で五人の中の四人が中華料理店を第一希望に選んだとすると、もちろん最高得点ということで彼らは中華料理店に行くことに決定する。しかし、残りの一人にはアレルギーがあって、中華料理をまったく食べられないときには、どうすればよいのだろうか？　つまり、四人は全員が与えられた条件で最高のプラスを得るとしても、残りの一人が大きなマイナスになってしまうような場合、どうすればよいのかという問題である。

†ハリスの反例

この問題をもっと極端な形にして、もし一人の健康な人間がボランティアで死んで身体中の臓器を提供してくれれば、一〇人の重病人が回復して非常に幸福になる場合、どうすればよいのか、という事例もある。

このように、功利主義が普遍的道徳と矛盾した帰結を導くのではないかという議論は、カント以来ずっと続いているもので、最近の哲学者も類似した論争を繰り返している。たとえば、マンチェスター大学の哲学者ジョン・ハリスは、次のような具体的な事例を挙げている。[22]

ここに、心臓病で死にかかっている病人と、肝臓病で死にかかっている病人がいるとする。二人の余命は残り数カ月だが、人生にやり残したことがあって、どんなことをしても生き延びたいと思っているとしよう。たとえば、彼らは、あと数年だけ生きられたら、ガン治療法を発見できる、あるいは、最高峰の芸術作品を完成できるような、人類に多大に貢献する可能性のある医学者と芸術家だとしよう。そこで彼らは、第三者のホームレスを捕まえてきて脳死状態にして、その心臓と肝臓を自分たちに移植するよう医師に要求したとする。

もし医師が手術を拒否したら、目の前の脳死者はそのまま亡くなり、二人の病人も助からない。つまり、三人が死亡することになる。一方、もし医師が手術すれば、一人が死んでも二人が生き延びることができるのだから、「最大多数の最大幸福」の原理にしたがえば、医師は手術を行うべきではないか、という論法が生じる。

もちろん、もし実際にこのようなことがあれば、二人の患者は殺人罪に問われることになるだろうが、裁判が長期化すれば、少なくとも二人は生きていられる。つまり、あくまで二人の寿命を延ばしたいという功利主義的観点から見ると、彼らの行為は正当化されるとみなされるわけで、ここに普遍的道徳に対する矛盾があるというのがハリスの指摘である。

実は、最大多数の最大幸福を追求すると、どうしても「少数者の犠牲」が出てくることには、ベンサムも気付いていた。そこで彼は、途中から著作で「最大多数」という言葉の使用を止めて「最大幸福」の追求としか言わなくなったという事実がある。法律家としてのベンサムは、不必要な苦しみから囚人を解放しようと考えて刑務所改善法案をイギリス議会に提出したり、当時は完全にタブー視されていたゲイを法的に擁護した最初の人物としても知られている。「最大多数の最大幸福」を主張したベンサムが、身をもって少数派を擁護していたわけである……。

いずれにしても、ハリスの反例によって、功利主義が普遍的道徳の指針になり得ないとみなす見解のある一方で、個人の幸福追求における平等性を保障するためには、功利主義以上に理性的な考え方はないとみなす見解もある。仮に功利主義を批判すると、多数決を中心とする民主主義も、利潤追求を奨励する資本主義も、同時に批判の対象になりうるため、これは倫理学的な大問題として、今でも専門家の間で論争が続いているわけである。

クラスの東大生からもさまざまな意見が出てきたが、中でも興味深かったのは、「最大多数の最大幸福」ではなく、「最大多数の最小不幸」を追求すべきだという意見である。この主張は、次のようなものだった。

「そもそも人は、幸福に関しては鈍感だが、不幸に関しては敏感な存在である。ハリスの事例にあるように、最大多数の最大幸福を追求すると、少数者が不幸のどん底に落ちていき、最大幸福な人との格差が非常に大きなものになる可能性がある。したがって、社会は、まずそのような最大不幸の可能性を排除すべきである」

†東大生の論理⑦懐疑的で風刺できる

この「最大多数の最小不幸」という概念は、社会は「最も恵まれない者に最も利益を与える」べきだというハーバード大学の哲学者ジョン・ロールズの「正義論」も連想させる非常に重要な発想なのだが、これを自力で見出した点はすばらしい。

一方、この日のコメントシートには、別の東大生の次のような感想があった。「ハリスって人はいろいろと極端な例を考え付くけど、いくら考えても人によって結論が一致しないことばかりで、そんな例え話なら僕でも作れると思った。学者になるなんて、チョロイ、チョロイ（笑）」

こちらは、東大生の自信満々の本音が表れたコメントとして興味深い。このように「懐疑的で風刺できる」ことも、知的な若者にとって貴重な資質といえるだろう。ただし、たとえば一六歳のアインシュタインが光速で進んだら周囲がどのように見えるか想像したことから相対性理論を見出したように、比喩やアナロジーはバカにできないパワーを秘めていることもある。確固たる学問的背景を持ったうえで、このような「例え話」を本当にいくらでも思いつくことができるのであれば、たしかにこの東大生が学者になるのも「チョロイ」かもしれない。その調子で、がんばってほしいものである！

第八回講義

「哲学ディベート」と「推論」

第七回講義のコメントシートに、アロウの不可能性定理が気になって仕方がないので、図書館に行って原著と関連書籍の証明を読解してきたという優秀な東大生のコメントがあった。彼は、次のように述べている。

「アロウの不可能性定理の証明は自分なりに納得できた。この定理は、『完全に民主的な社会的選択ばかりでなく、個人の『完全に合理的』な選択が不可能であることを示している（なぜなら個人の選択も複数のパラメーターによる投票行為とみなせるから）。というわけで、やたらと人生に『理由』とやらを求めるのは生産的でないように思えてきた。

俺は詩的に生きることにします！」

この東大生の「個人の選択も複数のパラメーターによる投票行為」と述べている部分に注目してほしいのだが、実は、人間の「心」をさまざまなエージェントが集まってできた一個の「社会」とみなす理論が存在するのである！　これは一九八六年にマサチューセッツ工科大学の情報科学者マーヴィン・ミンスキーの提唱した「心社会論」で、脳内のエージェントが相互作用して影響を及ぼし合い、多層的なシステムを構築して、最終的に人間の特定の行動を決定しているとみなす見解である。驚くべきことに、この東大生は、自力で類似した発想を思いついたのである！

†日本の宇宙計画

この東大生が「詩的に生きる」という部分はもちろん冗談だと思うが、科学者も予算配分に関わる将来構想については、現実的に議論しなければならないことがある。というわけで、二一世紀が始まったばかりの二〇〇一年四月、『二〇〇一年宇宙の旅再論』というシンポジウムが国立科学博物館で開催された際の話をすることにした。パネラーは、当時の宇宙科学研究所の的川泰宣教授と名古屋大学の池内了教授で、私は科学哲学の立場から司会をさせていただく機会のあったシンポジウムである。[23]

的川氏といえば、日本の積極的な宇宙進出の必要性を力説されていることで有名である。とくに日本独自の「有人宇宙飛行」を目標に据えたプロジェクトの推進を強調され、新聞紙上でも「米国では六〇年代からシンボルとして宇宙開発を育ててきた。ところが、日本の場合は事情が違う。かといって夢はいらないのかというとそうではない。一世代前の大人には日本を立派な国にしようという夢があった。経済的な部分はある程度達成されたが、閉塞感はむしろ大きくなった。宇宙開発は子どもたちに大きな夢をあたえることのできる分野だと思う」と述べている。[24]

当時、日本のH2Aロケットは一九九八年と一九九九年に打ち上げの失敗が続き、陣頭で指揮に当たっていた的川氏も大変なプレッシャーのなかにいらしたはずである。その後、二〇〇一年八月二九日に宇宙開発事業団は無事にH2Aロケット打ち上げに成功し、レーザー測距装置を順調に地球周回軌道に乗せた。この打ち上げは日本の宇宙開発の「命運をかける」実験とみなされ、事業団の主要関係者は、万一の失敗に備えて、辞表を準備していたそうだ。

さて、シンポジウムの話に戻ると、もう一人のパネラーの池内氏は、生命維持装置のために莫大なコストのかかる「有人宇宙飛行」そのものに疑問を投げかけ、むしろ今後の日本の宇宙開発は、科学的意義の高い無人探査に絞るべきだと主張された。さらに、的川氏がH2Aロケットの商業化も視野に入れた人工衛星打ち上げを期待するのに対して、池内氏は、すでに二〇〇〇個以上と推定される破棄衛星の「宇宙ゴミ処理問題」に触れたうえで、宇宙開発が必ずしも「夢」ばかりを与えるわけではない点を指摘された。

そこで印象的だったのは、ともに最新の宇宙像を研究されている第一線の宇宙工学と宇宙物理学の専門家両氏が、実際の日本の宇宙開発については、真っ向から対立する意見を表明されたばかりでなく、研究の「価値」や研究者の「倫理」についても、ニュアンスの異なる見解を論じられた点にある。

つまり、このシンポジウムでは、科学者が「哲学的」な議論を行ったことが、実に新鮮で興味深かったのである。残念なことだが、科学者は一般に「哲学的」な議論を行わない傾向が強く、また行うべきでないという風潮も根強く残っている。一般にも日本人は議論やディベートが苦手だと言われているが、その点を打破するためにも、私は以前から「哲学ディベート」の重要性を訴えている。[25]

「哲学ディベート」は、合意のみを目的に行うものではなく、反発するためのものでもない。むしろ相手と意見が違うことを楽しむ過程だと考えていただけば、わかりやすいだろう。互いの意見や立場の違いを明らかにしていく過程で、それまで気付かなかったものの見方を発見すること、さらに、そこからまったく新しい発想を生み出すこと、これこそが「哲学ディベート」の目的であり、醍醐味でもある。そして、そのような議論やディベートの基盤にあるのが、論理学なのである。

†アリバイの推論

論理学のなかでも、最も基礎的な命題の関係を研究する学問分野は「命題論理」と呼ばれる。たとえば、Ｐが命題であれば「Ｐではない」も命題である。このとき、Ｐが真ならば「Ｐではない」は偽であり、Ｐが偽ならば「Ｐではない」は真であることも明らかだろう。また、ＰとＱが命題であれば、「もしＰならばＱである」も命題である。すでに述べたように、この命題はＰが真であると同時にＱが偽であるときに限って偽であり、それ以外の場合は真と定義される。

すると、幾つかの前提から一つの結論を導くような形式に、命題を並べることができる。このような形式で命題が並んだものは「推論」と呼ばれる。古代ギリシャ時代に論理学を創始したアリストテレスは、このような形式を二五六種類の三段論法に分類したが、これらもすべて推論に含まれる。たとえば次の推論形式は、そのなかで「モダス・トレンス」（仮言三段論法否定式）と呼ばれるものである。

前提1　もしPならばQである。
前提2　Qではない。
結　論　ゆえに、Pではない。

すぐにはイメージが浮かばないかもしれないが、モダス・トレンスは、ごく日常的に新聞やテレビに登場する推論形式である。ここで、命題Pに「彼が犯人である」を、命題Qに「彼は犯行現場にいた」を代入してみよう。モダス・トレンスが、いわゆる「アリバイ」の推論として用いられていることがわかるだろう。

前提1　もし彼が犯人ならば、彼は犯行現場にいた。
前提2　彼は犯行現場にいなかった。

結論　ゆえに、彼は犯人ではない。

推論の研究で重要になるのは、前提が結論を論理的に導いているか否かの問題である。論理学では、ある推論において、すべての前提が真ならば結論も必ず真であるとき、その推論を「妥当」と呼ぶ。妥当な推論においては、すべての前提が真であるにもかかわらず結論が偽になることは、不可能である。

モダス・トレンスは、妥当な推論である。したがって、前提1と前提2がともに真であれば、結論も真でなければならない。つまり、「もし彼が犯人ならば、彼は犯行現場にいた」ことが事実であり、「彼は犯行現場にいなかった」ことが事実であれば、「彼は犯人ではない」という結論も、事実でなければならない。このことは、論理的に証明できるのである。

つまり、モダス・トレンスの推論形式が妥当であること自体、ここまでに述べたことだけから簡単に証明できるのだが、思い浮かぶだろうか？

解答は、次のようなものである。モダス・トレンスの前提1と前提2を真と仮定し、結論を偽と仮定し、それが不可能であることを示せばよい。つまり、背理法を用いるわけである。

そこで、「もしPならばQである」を真、「Qではない」を真、「Pではない」を偽と仮定する。すると、「Pではない」が偽なので、Pは真である。「Qではない」が真なので、Qは偽である。Pが真であると同時にQが偽なので、定義により「もしPならばQである」は偽でなければならない。しかし、この結果は「もしPならばQである」を真と仮定したことに矛盾する。ゆえに、前提1と前提2を真と仮定し、結論を偽と仮定することは、不可能である。したがって、モダス・トレンスは、妥当な推論形式である。

†妥当性と錯誤

なぜアリストテレスは、推論の妥当性にこだわったのだろうか。古代ギリシャ時代には、宇宙の起源から人生の意味にいたるまで、あらゆる哲学的問題が議論された。アリストテレスは、それでなくとも込み入った「哲学ディベート」の議論のなかから、「詭弁」や「言い逃れ」や「屁理屈」を排除したかったと考えればわかりやすいだろう。要するに、彼は、思考の道筋を明確にしたかったのである。

モダス・トレンスのように妥当な推論を組み立てれば、逆に、意図する結論を導くために、どの前提を立証すればよいのかわかる。アリストテレスは、このような推論によって、思考そのものが整理されると考えたのである。

モダス・トレンスと似ているが、妥当ではないのが、次の推論（仮言三段論法後件肯定虚偽）である。アリストテレスが排除したかったのは、このような「錯誤」である。

前提1　もし彼が犯人ならば、彼は犯行現場にいた。（もしPならばQである。）
前提2　彼は犯行現場にいた。（Qである。）
結　論　ゆえに、彼は犯人である。（Pである。）

この推論が妥当でないことは、簡単に証明できるだろう。前提1「もしPならばQである」と前提2「Qである」がともに真であるにもかかわらず、結論「Pである」が必ずしも真ではないことを示せばよいのである。実際に、「もし彼が犯人ならば、彼は犯行現場にいた」ことが事実であり、「彼は犯行現場にいた」ことも事実だが、実は、彼は犯人ではなかったという話は、多くの推理小説に描かれているとおりである。

†推論の健全性

さて、命題論理では「すべての花は美しい」のように量化された文の真偽を決定できない。というのも、この命題の否定を考えると、「すべての花は美しくない」（全部否定）と「ある花は美しくない」（部分否定）のように、二つの意味が生じることがわかるだろう。このような問題を解決するためには、命題の主語と述語に相当する部分にも踏み込み、量化された命題を扱えるようにしなければならない。それが「述語論理」である。

述語論理の推論は、次のようになる。

前提1　すべての人間は空を飛ぶ。
前提2　ソクラテスは人間である。
結　論　ゆえに、ソクラテスは空を飛ぶ。

実は、この推論形式は妥当なのだが、前提1が偽であることは明らかだろう。一般に、①推論形式が妥当であり、しかも②その推論のすべての前提が真であるとき、この推論を

「健全」と呼ぶ。したがって、次の推論は健全である。

前提1　すべての人間は死ぬ。
前提2　ソクラテスは人間である。
結　論　ゆえに、ソクラテスは死ぬ。

述語論理では、主語と述語の「領域」を注意深く見ることによって、いろいろと興味深い推論が生じる。たとえば、次の推論は妥当であるため、前提1と前提2が真であれば、結論も真でなければならない。[26]

前提1　誰もが私の赤ちゃんを愛している。
前提2　私の赤ちゃんは、私だけを愛している。
結　論　ゆえに、私は私の赤ちゃんである。

ここで、少なくとも一人の人間を愛している人間を「恋人」と定義しよう。すると、次の推論も妥当になるのである！

前提1　誰もが恋人を愛している。
前提2　ロミオはジュリエットを愛している。
結　論　ゆえに、イアーゴはオセロを愛している。

さて、少しだけ論理学について説明したが、実際の授業では、これらの命題論理と述語論理の推論は、すべて記号で書き表されている。また、推論の妥当性や健全性といった性質を一般的に研究するため、人工言語のうえに公理体系の「構文論」と「意味論」を厳密に構成して、そのうえで両者をゲーデルの「完全性定理」で合致させるというのが、記号論理学の授業のおおまかな流れなのである。

†東大生の論理⑧理解できたと納得するまで諦めない

たとえば「すべての健全な推論は妥当である」ことは、定義から明らかである。論理学は英語圏で深く研究されているため、記号論理学も英語でストレートに学ぶ方がよいと考えられる。そこで私の配布するレジュメも、アメリカの大学で使っていたテキストをもとに「Any sound argument must be valid」のように英語で書いてある。[27]

私としては、常にすべてを明快に説明しているつもりなのだが、それでも「推論形式が妥当で、その結論が真であっても、その推論は健全とは限らない」のような性質を英語と記号で表現すると、学生が混乱するような場面も出てくることがある。

この日の授業後に最も印象的だったのは、まさにこのようなタイプの問題で意味のつかめなくなった東大生が、何十分も質問を浴びせてきたことだった。本人が「理解できたと納得するまで諦めない」という姿勢は、学生ならば当然のことのようだが、「進振り」のような危機感がなければ、なかなか一般の大学生には見られなくなった態度でもある。

この東大生は、最初の論理記号の解釈に一種の先入観があったため、それが理解の邪魔になっていたようだが、何度も何度も疑問をぶつけて基本に戻った挙句、ようやく「なんだ、そんなことだったのか！　やっと解りましたよ」と言って、すばらしい笑顔を見せた。これが教員としても、最も嬉しい瞬間なのである！

第九回講義 「東大生の相談」と「科学者倫理」

第八回講義が終わり、質問に残っていた学生の集団が教室から立ち去った後、一人の東大生が近くに寄ってきて、相談があると言った。これまでの経験上、なぜかこの種の思い詰めた表情の学生からは似たような悩みを打ち明けられることが多かったので、「もしかして恋愛の相談かな？」と聞くと、「いえいえ、違います！　宗教について伺いたいのです」と答えた。

†ある東大生の相談

この東大生の相談というのは、次のような内容だった。彼には高校時代から仲良くしている友人がいるのだが、最近になって、その友人が、ある新興宗教団体に属していることを知ってしまった。その友人は別の私立大学に進学していて、「頭の良い東大生に軽蔑される」のが心配で、ずっとそのことを彼には隠していたそうだ。

しかし、いったん信者であることを告白した後は、堰を切ったかのように、その教義がいかにすばらしいかを語り、教祖の著書を何冊も読むようにと持ってきて、集会にも一緒に出ようと誘ってくるようになった。

その新興宗教の教義は、東大生からすると「幼稚な漫画のようなレベル」の信じ難いものので、とてもマトモに取り上げる気にはなれない。それでも彼は、教祖の著作を何冊も読破して、教義の矛盾や非常識な飛躍と思われる部分すべてにペンで真っ赤になるまで印を付けて、その友人に詳しく指摘した。すると、その友人も冷静になって、一時的には信仰から離れるようにも見えるのだが、両親も姉も熱心な信者だということで、家に帰って二、三日もすると、再び熱心な信者に逆戻りしてしまうのだという。

とりあえず、その友人と少し距離を置いてみてはどうだろうかと言うと、彼は「いえ、それはできません！」と叫んだ。どうも様子がおかしいので聞いてみると、やはりその「友人」というのは「女性」だったのである！

その東大生によれば、彼女は、以前から彼のことを尊敬している「妹」のような存在だということだが、少し話しているだけでも、彼がどれほど彼女のことを大切に思っているのかが伝わってくる。つまるところ、私の思ったとおり一種の「恋愛の相談」だったわけだが、そのことを冗談にできないほど、彼の悩みは深刻だった。

というのは、彼が、具体的な解決策として、近いうちにその新興宗教に入信するつもりだと言ったからである！　要するに、彼の相談というのは、それが本当に「最善の解決案」なのか「論理的」に明確にしてほしい、ということだった……。

もし彼がその新興宗教に入信したら、彼女が大喜びすることは明らかであり、彼女の両親と姉も彼を好印象で迎えてくれるはずであり、それらの相乗効果によって彼女との交際も進展するのではないか……。また、その新興宗教の教義自体は奇妙なものだが、実際の活動としては、人類の平和と幸福を祈り、他者への愛や社会への奉仕を説いているわけだから、大いに共感できる部分もある……。さらに、彼自身、今のような不安定な精神状態では落ち着いて勉強もできないが、いったん信者になってしまえば、安心して専念できるような気がする……。

要するに、彼がその新興宗教を否定し続けるよりも、肯定して入信してしまう方が、彼自身にとっても周囲の「最大多数の最大幸福」という観点から考えてみても、プラスが圧倒的に大きいように思える、というわけである。

その新興宗教団体は、まさに「入信すればすべてがうまくいく」と唱えているそうで、彼自身にも、それを期待して信じ始めている自覚症状があるという。しかし、その反面、やはりその教義を信じるのはあまりにも「非合理」だという気持ちも強く、内心で揺れ動いているというのである！

さて、読者だったら、この東大生の相談にどのようにお答えになるだろうか？

†利益と信念

この東大生の相談の焦点になる命題は、彼が「彼女と交際する」（○）か「彼女と交際しない」（×）か、彼が「新興宗教に入信する」（○）か「新興宗教に入信しない」（×）かのどちらかであり、これらを組み合わせると、次の四通りの可能性が生じる。

ケース	彼女と交際する	新興宗教に入信する
1	○	○
2	○	×
3	×	○
4	×	×

さて、話しているうちに彼が白状したところによると、やはり彼の真の目的は、あくまで彼女との恋愛にあることが明らかになった。そこで、「ケース3」と「ケース4」は論外となる。非常に単純化してしまえば、彼の現状は「ケース2」に相当するのだが、それでは彼女との交際に進展がみられないため、「ケース1」に移行しようとしているだけの話である。

そして、たしかに東大生が思い描いているように、彼が新興宗教に入信することによって、彼女との交際が進展する可能性もあるかもしれない。しかし、彼が新興宗教に入信したからといって、「論理的」には、必ずしも彼女との交際が進展するとは限らない点に注意が必要である。逆に、ここで想定される最悪の状況は、せっかく彼が新興宗教に入信したにもかかわらず、彼女との交際が進展しない場合であろう！

つまり、彼が目論んでいるように自分に最大利益をもたらす方法が必ずしも「論理的」だとは断定できない。さらに、もっと根本的な問題もある。そもそも、彼が自分の「恋愛」を成就させることを目的に、本心からは信仰できない新興宗教団体に「入信」してしまってよいのだろうか？　もっと一般的に言うと、自己の「利益」を得るために自己の「信念」を曲げてよいのだろうか？　要するに、ここで彼が直面しているのは、〈論理〉というよりも〈倫理〉の大問題なのである。

†ストーカーと愛の関係

いかに「恋愛」が「理性」を簡単に圧倒してしまう可能性があるのか、少しでも彼のヒントになればと、私は彼に次のような実話を話した。

もう一〇年以上前のことなので、おぼろげに覚えているだけだが、背が高く、華奢な体型で、日本人形のような顔立ちのYという女子学生がいた。彼女は、Xという男子学生につきまとわれて困っていると相談に来て、その際、持っているのが怖いからと、Xから渡されたラブレターの束を私の研究室に置いていったことがあった。

ちょうど研究室を整理していたら、その封筒の束が出てきたところで、記憶が蘇ったばかりである。当時まだそのような言葉はなかったが、現在であれば「ストーカー」と呼ばれても仕方がないような行動を、Xは繰り返していた。久しぶりに手紙を開いてみると、すっかり忘れていた事情が綿々と綴られている。

最初にXがYを見そめたのは、私の勤務する大学の入学試験の日だった。試験終了後、Xが立ち上がった瞬間に、斜め後ろに座っていたYを見て、一目惚れしたのが始まりである。大学から駅へ向う受験生の集団の中で、XはYの後ろを追いかけた。ついに話しかけようと決心した瞬間、Yから目を離したXは、駅の雑踏の中で彼女を見失ってしまった。

その後もXはYのことが忘れられず、他の難関私立大学にも合格していたにもかかわらず、Yに会えるかもしれないという一縷の望みを抱いて、Yと出会った大学を選んで進学した。この時点で、もちろんYはまったく関知していないことだが、Xからしてみると、Yの存在が彼の人生の進路に大きな影響を与えたことになる。

入学式でYの姿を見つけたXは、歓喜した。さらに二人が同じ学部で同じ学科に所属することがわかって、Xはそれを「奇跡」だと感じた！　そして彼は、Yのことを「運命の女性」と書いたラブレターをクラスの女子学生に頼んでYに渡してもらった。

さて、最初の一目惚れから入学式で出会うまでの事情が情熱的に描かれた手紙を受け取ったYは感動して、「そこまで自分のことを思ってくれて嬉しい」というニュアンスのメールを手紙の最後に書いてあったXのアドレスに送った。このメールが、後で問題になるのだが……。

それから何度かメールを交わしたXとYは、大学のカフェテリアで初めて対面した。ところが、Xはずっと俯いたままで、ほとんど喋ることがない。メールやレターでは雄弁なXが、現実世界ではコミュニケーションが不得意で、Yの最も苦手とする「オタク」タイプの青年だったのである。

Yは、大学生活も始まったばかりなので、お互いによい友達になろうと提案し、Xも同意した。ところが、その後「Yちゃんにはピンクが似合うね」や「日曜日に遊びに行こう」といった内容のメールが、Xから頻繁に届くようになった。

五月から六月にかけて、遠回しにXの誘いを断っていたYも、徐々にメールに返信しなくなり、ついにはXからのメールの着信を拒否した。するとXは、教室に座っているYの目の前に黙ってラブレターを置いていくようになったのである。

この頃にXの書いた手紙は、Yが冷たくなった理由を詰問し、「メール送ってよ。送ってくれなきゃ、今度会ったとき、いきなりキスするかもよ」と書いてある。これを見て怖くなったYは、クラスの男子学生に相談し、彼から「Yが迷惑しているから近寄るな」とXに言ってもらった。

Xはその場では納得したが、時間が経つと自己本位の思いつめた恋愛の世界に戻り、再びYの目の前にラブレターを置いていく。Xは、最初にYから届いた感謝のメールこそがYの本心だと信じていた。その後、どれだけYから拒否されても、原点のメールを読み返すたびに、きっとYも自分を愛しているに違いないと都合よく考えてしまうのである。

最後にXの書いたラブレターには、Yを愛する気持ちは誰にも負けないこと、自分の「運命の女性」をどうしても諦めきれないこと、そして七月七日の夕刻七時七分からずっと駅で待っていると書いてあった。

これを見たYは、恐怖のあまり自宅から出られなくなった。そしてYから相談を受けた私は、Xを研究室に呼び出して、話し合うことにした。私は、愛しているからこそ、相手の幸福を何よりも大切にして、相手の前から立ち去らなければならないこともあるという論法でXを説得した。

まさにこの論法で、恋愛至上主義の立場から自己犠牲に徹する実践者が、映画『男はつらいよ』の主人公の車寅次郎なのである。[28] 寅さんは、マドンナと相思相愛になるケースでさえ、自分のようなフーテンでは相手を幸福にできないからと身を引き、一人で旅に出る。彼は、思い込みの激しい「オタク」タイプの学者から、寡黙で不器用な職人タイプの青年まで、他人の恋愛に対しては抜群のアドバイスができるのに、自身の恋愛については成就させられないのである。

この映画を薦めてみたところ、凝り性のXは夏休み中に『男はつらいよ』全四八作品をビデオで観て考え抜いたという。その結果、Xは、自分の愛は自己中心的で申し訳なかったとYに謝罪して、事件は解決した。ただし、もしXがYの好みの男性だったら、二人は運命的に出会った最高のカップルになっていたかもしれない。私は、内心でXに深く同情した部分のあったことも同時に思い出していた……。

†スターウォーズ計画

さて、この日の講義のディスカッションでは、自己の「利益」を得るために自己の「信念」を曲げてよいのかという問題を、クラスの東大生全員に投げかけてみることにした。ちょうど私がアメリカで大学院に進学した一九八三年、当時のレーガン大統領が「戦略防衛構想（SDI）」を掲げて、世界を驚かせたことがあった。これは、地球の衛星軌道上に早期警戒衛星を配備し、アメリカ合衆国へ向かって打ち上げられたすべての弾道ミサイルを直後に感知して、衛星からのレーザーや地上からのミサイルで瞬時に迎撃するというシステム配備計画で、完成すれば、当時のソ連をはじめとする世界中の脅威に対して、圧倒的に優位に立てるものである。

これに対して、当時のソ連は、SDIの早期警戒衛星そのものを攻撃するキラー衛星の開発に着手すると公表した。そこから想像される近未来の戦争は、衛星同士がレーザービームで相手を攻撃し合うSF映画のような構図になるため、SDIは「スターウォーズ計画」と呼ばれるようになった。

レーガン大統領は、第二次大戦中に原爆を開発した「マンハッタン計画」や一九六〇年代に人類を月面に着陸させた「アポロ計画」を念頭において、全米の科学者や研究者が一致団結して「スターウォーズ計画」を成功させるべきだと主張した。

ところが、それに反対する世界中の科学者が立ち上がり、膨大な数の署名を集めたのである。ミシガン大学でもさまざまな規模の「反スターウォーズ計画」集会が開かれ、多くの教職員や学生が議論に加わっていた。[29]

そもそもスターウォーズ計画は、「戦略防衛システム」と名付けられているにもかかわらず、実際には「戦略攻撃システム」でもあることが大きな問題だった。というのも、いったんこのシステムが完成すれば、地球全体が戦略的包囲網に入るため、アメリカは、世界中のどの国に対しても、その国が反撃を試みる前に、核攻撃で徹底的に破壊できるようになるからである。

計画の推進派は、そのことを認めたうえで、だからこそスターウォーズ計画を完成させるべきだと主張した。なぜなら、このシステムさえ完成してしまえば、それが「最終兵器」の役目を果たして、地球上のいかなる核兵器も存在意義を失い、全世界が平和になるからだというのである。

一方、反対派は、それは「机上の空論」にすぎないと主張した。地球全域を包囲するような迎撃システムの構築には、莫大な費用がかかり、技術的にも大きな困難がある。それに、対抗するソ連がキラー衛星の開発を明言しているように、他の国々もアメリカのスターウォーズ計画の推進を黙って見ているはずがない。結果的には、世界各国が争って核兵器を開発した冷戦時代のように、宇宙兵器の軍備拡張の悪夢が繰り返される可能性が高かったのである。

現実世界では、一九八九年に「ベルリンの壁」が開放され、一九九一年には「ソ連」が崩壊することによって、冷戦時代そのものが終結した。その後、軍事的には国家間の対立よりもテロリズムが脅威となり、「スターウォーズ計画」も消滅した。

†科学中立論

それにしても、当時のアメリカの研究者の間では、「スターウォーズ計画」に賛成するか反対するかが、一種の踏み絵のような位置付けだったという印象がある。とくに、衛星制御システムやレーザービームなどのハイテク分野を研究する理系の研究者にとって、連邦政府が潤沢な研究援助を保障する「スターウォーズ計画」は、将来の進路の選択にも大きく関わっていた。

そもそも科学者が、兵器開発に関わる研究を行ってもよいのだろうか？　もし豊富な研究費と高給の保障されるポジションが、自己の倫理観に反する研究だとしたら、どうすべきだろうか？

すぐに東大生の手が挙がって、次のような「科学中立論」を述べた。「科学者の仕事は、科学的な真理の発見と先端技術の開発にあるわけで、それらは価値観や倫理観とは無関係な中立的なものです。ですから、仮にボクの開発した研究が兵器に利用されたとしても、それは仕方のないことでしょうね。科学の成果をどのように使うか決めるのは政治であって、それに科学者はタッチできません。それに、仮にボクが一人で兵器開発に繋がる研究は嫌だと叫んでも、他の誰かがそのポジションに就いて研究を続けるだけでしょう?」

†東大生の論理⑨思いのほか正義感が強い

ところが、クラスの全員に挙手を求めたところ、「科学中立論」の賛同者は二割程度で、圧倒的多数の八割以上は、「科学者は、兵器開発に関わる研究を行うべきでない」という意見だった。これは私も予期していなかったため驚いたのだが、クールで利己的な印象で受け止められることの多い東大生が、実は「思いのほか正義感が強い」ようなのである!

クラスの代表的な見解は、次のようなものだった。「科学は中立ではなく、倫理的な土台の上に成り立つものだと思います。科学の目的は、あくまで真理を追究し、人類を幸福に導くことであって、それに反する研究は拒否すべきです。たとえばダイナマイトのように善用も悪用もできる技術があって、これについては開発者ではなく、兵器化した人が責められるべきでしょう。しかし、猛毒の化学兵器や細菌兵器を開発するような非人道的研究は、最初から決して許されるべきではありません!」

一八六六年にダイナマイトを発明したスウェーデンの化学者アルフレッド・ノーベルは、それが採掘や土木工事の発展に役立つばかりでなく、これまでの戦争の方式を一変させる恐ろしい爆破兵器としても利用される事実を目の当たりにして、生涯、罪悪感で苦しみ続けたといわれている。そして彼は、巨万の全財産を投げ打って基金を設立し、人類の進歩に貢献する「物理学、化学、生理学・医学、文学、平和」の偉大な研究成果に対して賞を授与することにした。彼は、人類に「ノーベル賞」を遺すことによって、彼自身の「科学者倫理」を果たしたのである。

第一〇回講義　「理性」と「神秘」

第九回講義のコメントシートを見ると、クラスの多くの東大生が自分の目指す「科学」について懸命に考えていることがよくわかる。とくに目立ったのは、宇宙物理学や分子生物学や遺伝子工学など、将来は自分の興味のある研究を進めて、いつかその分野の「進展」に自分が少しでも貢献できれば嬉しい」という若者らしい抱負だった。そのためには、二年後の「進振り」で希望する学科に進む必要があり、よって「ぜひ優をお願いします」とか「優が無理なら良（ただし七九点）で結構です」というチャッカリした要望も多かった。

その一方で、「自分の生活もあることだし、家族も養わなければならないのだから、もし研究所に就職して兵器開発だけはしないという態度は偽善のような気がしてならない」という意見もあった。

科学と民主主義の重要性を説き続けたコーネル大学の天文学者カール・セーガンは、「世界中の科学者のおよそ半数が何らかの形で軍事産業に関わっている。……多くの科学者は、多数にしたがう日和見主義者か、企業の利益のために平気で大量破壊兵器を作りながら、結果など気にもとめない連中のようだ」と皮肉を述べている[30]。

クラスの東大生が前回の授業時に示した「正義感」も、四年後の就職時には薄れていき、一〇年もすれば上司の指示に効率的に従うようになり、そのまま官僚化された組織の枠組みの中で生きていくうちに、ついには消え去ってしまうのだろうか……。

他には、自分と科学の社会的関係について述べたコメントもあった。これは二年生による感想である。「最近まで僕は、科学が最強で、科学的に考えればすべてうまく説明できると考えていたが、それでは逆に失敗することがあることもわかった。たとえば人に対する『愛』は、科学では説明できない。もちろん、ホルモン分泌や脳波の変化は科学的に分析できるが、それでは根源的な説明になっていない……」

†ファインマンの愛

科学者の愛とは、どのようなものなのだろうか。一九六五年にノーベル物理学賞を受賞したリチャード・ファインマンは、自力ではどうにもできない愛と苦悩の体験を綴っている。[31]

ファインマンは、プリンストン大学の大学院で研究していた頃、人生の幸福の頂点にあった。彼は、物理学界をリードする若手ホープとして将来を嘱望され、彼がセミナーで研究発表を行うと、アインシュタイン、フォン・ノイマン、パウリ、ウィグナーら、当時の世界最高峰の科学者たちがわざわざ聴講に来るほどだった。一方、ファインマンは、中学の頃に出会った初恋の女性アーリーンと一〇年以上の恋愛期間を経て婚約し、博士号取得と結婚という二重の喜びを間近に控えていた。

ところが、ある日、体調を崩したアーリーンが病院に行って何度かの精密検査を受けた結果、彼女はリンパ腺結核にかかっていることがわかったのである！　それは、当時の最先端の治療を施しても、数年の余命しか残されていない病気だった。

このことは本人には伏せられ、彼女の家族とファインマンの家族だけに伝えられた。まず問題になったのは、アーリーンにどのように病状を説明するかということだった。ファインマンは、どんなことがあっても互いに真実のみを話すと誓い合っていたので、彼女に「不治の病」であることも正直に伝えるつもりだと言うと、家族は猛反対する。ファインマンの幼い妹は、あんなに素晴らしい女性を悲しませる兄は「非人間的」だと泣き叫ぶ。そして家族は、ファインマンの将来のためにも、結婚そのものを延期すべきだと言う。要するに、家族は、彼が黙って彼女から去ることが、二人のために最もよい選択だと考えるのである。

しかし、ファインマンは、結果的に約束どおり彼女にすべての真実を告げ、家族の反対を押し切って、アーリーンと結婚する。二人は、彼女が入院する日に、ニューヨーク州リッチモンドの町役場で結婚式を挙げた。「幸福でいっぱいの二人が顔を見合わせ、ただニコニコして手をとりあっている」光景を見て、証人になった簿記係が、しびれを切らして「もう式がすんだんだから、花嫁にキスする段取りだよ」と催促する。そこで花婿は花嫁の「頬」にキスするわけだが、二人は「口の中に結核菌がうようよしている」ため「キスもできない」状況を理解したうえで結婚したのである。

その五年後、ファインマンはアーリーンの病室にいた。「僕は、アーリーンの体の中で、生理的には何が起こっているのだろうと考え続けた。肺は空気が足りないから、血液に充分酸素を送り出せない。だから脳ももうろうとしてくるし、心臓も弱ってくる。心臓が弱ればなおさら呼吸が困難になる。……ただ次第次第に意識が薄れていき、呼吸数もだんだん少なくなって、いつのまにか息がなくなってしまったのである」

アーリーンの葬儀の翌日、ロスアラモス研究所に戻ったファインマンは、同僚に「彼女は亡くなったよ。で、例のプログラムはあれからどうなってる?」と話しかけている。結婚当初から彼女の死を予期していたファインマンは、いたって冷静に見えた。だが実は、そうではなかったのである。

「僕は心理的に自分をごまかしていたのに違いない。少なくとも一か月経つまで、涙ひとつこぼさなかった。オークリッジの町を歩いていて、あるデパートの前にさしかかり、ショーウィンドウにきれいなドレスがかかっているのを見たとき、僕は『ああ、アーリーンの好きそうな服だな』と思った。その瞬間だった。どっと悲しみが堰を切って溢れたのは……」

ファインマンは、アーリーンが入院するとき、大きな数字盤がパタパタとめくれる時計をプレゼントした。彼女は、その時計を何よりも大切にして、片時も病床の側から離したことはなかった。そして、彼女が亡くなったのは夜「09：22」だったが、その時計も時刻「09：22」を指したまま、止まってしまったのである！

この現象の「神秘」を、どのように説明すればよいのだろうか？

†理性主義と神秘主義

人間は、何を、どこまで、どのようにして知ることができるのか？ これこそが、人類が言語を用いるようになって以来、最も長く追求してきた認識論の問題であり、すべての過去の学問的研究成果は、この問題に対する無数の解答例とみなすこともできるだろう。

これらの成果を『西洋哲学史』で詳細に分析した哲学者バートランド・ラッセルは、認識論に対する人間の姿勢を「理性主義」と「神秘主義」に大別している。つまり、すべてを「理性」によって解明しようとする立場と、理性を超えた何らかの「神秘」を認める立場である。

仮にファインマンとまったく同じ立場にいて「09：22」に止まった時計を手にすれば、むしろ、そこに「神秘」を見出す人の方が多いのではないだろうか？ もちろん、それらの人々が神秘主義を主張することは自由である。ただし、当事者のファインマンによれば、その時点で彼らが理性的な思考を停止してしまう点が大きな問題なのである。

　ファインマンは、まさにラッセルの定義した意味での理性主義者だった。彼は、時計が止まるためには「理由」がなければならないと考えて追究し、実際に、その現象は二つの理由によって解明できたと述べている。第一に、五年以上使用しているうちに、時計の数字盤を押さえるバネが緩み、修理したことがあったこと。第二に、看護師が死亡証明書に死亡時刻を書き込むため、数字をよく見ようとして、時計を持ち上げてから元に戻したこと。「それに気がつかなかったら、さしもの僕もいささか説明に困る立場になっていたかもしれません」と、彼は後に述べているが……。

　ファインマンが亡くなった後、彼の書斎から何度も読み返した跡のある擦り切れた手紙が発見された。それはアーリーンが亡くなって二年近く経ってから、彼女に宛てて書かれた手紙だった[32]。

「愛するアーリーン　誰よりも君を大切に思っているよ。君がどんなにこの言葉を聞きたがっているか僕にはわかっている。でも僕がこれを書くのは君を喜ばせるためだけじゃない。君に手紙を書くことで、僕も内側から温かくなるからなんだ。……僕には君しかいないんだ。君は実在している。僕の愛する妻よ、君を深く想っている。僕は妻を愛している。

でも妻はこの世にいない。リッチ　追伸　この手紙は出さないけれど許してくれるよね。君の新しい住所を僕は知らないんだ」

†東大生の論理⑩感受性が鋭くユーモア・センスもある

さて、クラスの東大生にラッセルの定義の話をしたところ、およそ半数が自分を「理性主義者」とみなしていることがわかった。ある東大生は、次のように言った。「ワタシは理性主義者です。古来から神秘だと騒がれてきた現象が、今ではほとんど科学によって説明されています。これまでの経験を踏まえれば、すべての現象に原因があるとみなす方が極めて自然でしょう。人間は、自分たちの無知を補うために『神秘』という概念を生み出したのではないでしょうか？」

これに対して、次のような東大生の意見があった。「ボクは神秘主義者です。しかし、それは、世の中には理性的に説明のつかない現象があるので、それを神秘とみなすからではありません。ボクは、世の中のすべての事象には必ず何らかの理由があると信じているのですが、その上で、すべての事象に理由があること自体に神秘を感じます。このように完全に物理法則に支配される宇宙が存在すること自体に、神秘を感じるわけです……」

「残念ながら、このディスカッションを続ける時間はなかったのだが、いつもながら「感受性が鋭くユーモア・センスもある」東大生の意見には感心した。とくにクラス全体が噴き出したのは、別の東大生が主張した「理性主義的神秘主義」の一言だった。彼女は、次のように言った。「すべての現象には理由があります。なぜなら私がそう信じるからです！」

†はやぶさの帰還

こちらは、ごく最近の話である。二〇一〇年六月一三日深夜、小惑星探査機「はやぶさ」が、七年間におよぶ約六〇億キロの宇宙の旅を終えて地球に帰還した。はやぶさ本体は、大気圏に再突入して、夜空を輝かせる流星となって消滅した。

その三時間前、はやぶさは、回収カプセルを最適な進入角度で分離するという最後の役目を果たした。このカプセルは、再突入後に耐熱構造の外殻が外れてパラシュートを展開し、オーストラリアの砂漠に無事着地した。その後、カプセル内部の資料採取容器に数ミクロンの粉塵が含まれていることがわかり、現在、それが小惑星のものかどうかの確認作業が続けられている。

はやぶさは、二〇〇三年五月九日、鹿児島県内之浦の宇宙空間観測所（現在の宇宙航空研究開発機構）から打ち上げられ、太陽周回軌道に投入された。約二〇億キロを航行して地球と火星の軌道の間に位置する小惑星イトカワに接近、二カ月余りの近傍観測に成功した。

二〇〇五年一一月一九日、自立制御装置でイトカワに軟着陸を試みるが、「降下中」表示のまま交信が途絶える。回復後のデータ解析の結果、はやぶさはイトカワに着地したものの、二、三回地表をバウンドして三〇分あまり倒れ込んでいたことが判明した。二六日には二度目の着陸に成功。岩石を舞い上がらせるための金属弾はうまく発射されなかったが、二度の着陸の衝撃によって資料採取容器に微量の粉塵が回収された結果が期待されている。

ただし、この着陸時の衝撃で、はやぶさの姿勢を制御する化学エンジンから燃料が漏れてしまった。そのため、イトカワを離陸して地球帰還軌道に乗ったはやぶさは、機体が回転してアンテナがずれて、交信が途絶えた。それでも管制室は諦めずに信号を送り続け、二〇〇六年一月二三日、七週間ぶりに、はやぶさからの微弱な電波をキャッチできたのである。

ここで、はやぶさの姿勢を立て直してアンテナを地球方向へ向けなければ、再び交信不能に陥る可能性があるが、制御エンジンは動かない。管制室は対策を検討した結果、はやぶさのイオンエンジンの燃料となるキセノンガスを噴射して、機体の姿勢を回復するという「裏技」を発見した。これは、いわば飛行機が燃料を捨てて姿勢を立て直して慣性飛行するような非常手段で、うまく姿勢は制御できたものの、地球への帰還が予定よりも三年遅れることになった。

その後も多くのトラブルが生じたが、なかでも「万事休す」と思われたのが、二〇〇九年一一月九日にイオンエンジンDが突然停止したことだった。そもそも、はやぶさは主推進装置として四基のイオンエンジンを搭載していたが、エンジンAは打ち上げ直後に動作が不安定になり、エンジンBは二〇〇七年に中和器の劣化により停止、ついに三基目のエンジンDもダウンしてしまったのである。残り一基のエンジンCだけでは、帰還するだけの推進力に足りない。

ここで再び「奇策」を思いついたのは、イオンエンジンを開発したメーカーNECのシニアマネージャー堀内康男氏だった。彼は、エンジンAの中和器とエンジンBのイオン源は故障していないことを確認し、これらを組み合わせればイオンエンジン一基分の仕事ができることに気づいた。つまり、故障した二基のエンジンの正常な部分をつないで一基として使用することによって、危機を脱したわけである。

†擬人化と神頼み

一般に、人間以外の対象に人間の性質や特徴を与える比喩表現を「擬人化」と呼ぶが、今回の報道では、さまざまな局面で、はやぶさが擬人化されている光景が目立った。はやぶさが打ち上げられた当時に手術した患者や転職した会社員が、その後の自分の病状や現状と、はやぶさの苦難とを照らし合わせて、ブログや掲示板で応援を始め、ネット上に「はやぶさ君ファンクラブ」が結成された。

宇宙に「おつかい」に行って「迷子」になった「満身創痍」の「はやぶさ君」が、「けなげに」仕事を果たして帰ってきて「桜と散る姿」をアニメ動画で見て、涙が出たというファンも多かった。

閉塞した状況の現在の日本で、はやぶさは「広く国民に敬愛され、社会に明るい希望を与えることに顕著な業績があった者」である以上、「国民栄誉賞」を与えてはどうか、という意見さえ飛び出している。[33]

擬人化が深い「感情移入」をもたらすことは、よく知られている。もちろん、言うまでもないことだが、はやぶさは厳然たる精密機械であって、考えたり悲しんだりすることはない。実は、「はやぶさ」に人間性を与えているのは、驚異的な頭脳と献身的な努力によって、幾多のトラブルを乗り越えてきたプロジェクトチームの血の通った人々の存在なのである。

現実のネズミやアヒルは、ミッキーマウスやドナルドダックのように歌ったり踊ったりすることはない。ウォルト・ディズニーの自然界の動物たちに対する温かい眼差しが、キャラクターに人間性を与え、一般大衆を楽しませているのである。その意味で「擬人化」は「他者理解」と密接な関係があり、幼児期の「擬人化」の欠如こそが、子供や動物などの弱者イジメの傾向をもたらしているのかもしれない。

さて、ここで興味深いのは、最先端の科学者も同じようにはやぶさを「擬人化」していたことである。堀内氏は、「イオンエンジンは一基ずつ個性があって情が移る」ということで、四基のエンジンに自分と妻と息子と娘の家族四人の名前を付けていたという。最後に回路で結ばれたのは、堀内氏と妻のエンジンだったそうで、「私は打ち上げ直後に調子が悪くなったんですが、最後に妻と力を合わせて帰ってきました」と述べている[34]。

プロジェクト責任者の宇宙航空研究開発機構の川口淳一郎教授は、成功直後、「ある意味で神がかり的。夢のようだ」と喜びを語り、「はやぶさは子どものようなもの。さっきまで運用していたのが、明日にはないということが現実として受け止められない」と寂しさも漂わせたという。[35]

はやぶさの通信が途絶えた七週間について、川口氏は次のように述べている。「正直に言って復旧できるか自信はなかった。ある所から先は論理的、技術的に考えても及ばなくなる。たとえば機体がひっくり返って、どちらを向いて安定化するかは分からない。絶対に復旧しない向きに姿勢が向いてしまうケースもある。これは自分たちではコントロールしようがないということで、神頼みを精神的な支えにしていた」

科学者も一個の人間であることがよくわかるだろう。このような話を持ち出したのは、たとえばフランケンシュタイン博士が死者を蘇らせ、映画『ジュラシック・パーク』では「悪魔のような科学者」がクローン恐竜を繁殖させて大災害を捲き起こすように、現代社会には科学が「非人間化」をもたらしているという批判があるからである。

したがって科学者は、万時を「冷たく」論理的に対処し、人間らしい感情の欠如したロボットのような「マッド・サイエンティスト」のイメージで描かれることになるのである。

しかし、人間がいかに大自然の運命の前で無力な存在にすぎないのか、実は最もよくわかっているのが、科学者なのではないだろうか。日本文化の「苦しいときの神頼み」にすがった川口氏の行為には、はやぶさに対する人間的な「温かさ」が溢れている。このことは、あれほどの理性主義者ファインマンが、亡き妻に手紙を書いて一人で何度も読み返していたという「温かさ」にも結び付くだろう。

私がアメリカから日本に戻ることになったとき、ある教授が推薦状に「He is a cool logician with a warm heart」と書いてくださったことがある。私もクラスの東大生諸君に「a cool scientist with a warm heart」になっていただきたいと願っている。

残りの講義「東大生の視点」と「授業評価」

さて、私が行った全一三回の講義のうち、残り三回の講義の内容については、これ以上本書で触れられるようなものではない。というのは、それまで多彩な導入ディスカッションでも時間を費やしてきたため、さすがに最後の数回分の授業時間は、本題の記号論理学の説明や演習などで手一杯になってしまったからである。

というわけで、終盤は少し駆け足になってしまったが、とりあえずシラバスで予定した講義計画はすべてカバーして、試験を行った。ちなみに試験問題は、記号論理の内容理解に関する正誤問題二〇問、厳密な定義に関する記述問題三問、推論規則を用いる証明問題四問、そして論理の限界に関する一般記述選択問題一問を六〇分で解答するもので、授業内容をきちんと理解している学生であれば、それほど難解ではなかったはずである。

以上で授業も試験も終了したわけだが、これまで本書で述べてきた内容は、すべて私の視点から見た東大生の姿だった。逆にクラスの東大生たちは、どのように私を見て、授業をどのように評価していたのだろうか？　最後に、東大生の視点から見たイメージをご紹介しよう。

†東大生（理科・女性）のブログ

二〇〇八年、『理性の限界』が発行されて二カ月ほど過ぎた頃だったと思うが、ネットで書評を検索しているうちに、ある読者の「本の虫の受験記録」というブログにぶつかった。

「さぁ『理性の限界』だ。ホントだ。すっごく面白い！（面白いと堂々と言える）選択の限界・科学の限界・知識の限界の三つに分かれていて、アロウの不可能性定理・ハイゼンベルクの不確定性原理・ゲーデルの不完全性定理を教えてくれる。……と書くと、超難しそうだが（一八年生きてきて、そんなの聞いた事ないよ）座談会方式になっていて、時折、議論を混ぜっ返す人もいたりして（話に夢中になってると結構真剣にうざったいけど笑）普通に読める本である。こういうのに全くの素人の人に、専門家が説明する流れになっているので、分かりやすい。ちょっとは頭使うけどね。まぁそれがまた、論理パズル的な要素があって楽しい[36]」

この文章のことを覚えていたのは、ブログの筆者が一八歳で浪人中の女子学生だというプロフィールを見て、その状況でこれだけ「理性の限界」を楽しむ余裕があるのだから、翌年はきっと合格できるに違いないと、内心で声援を送った記憶があるからである……。

さて、最近になって、本書を執筆するために「東大生」についてネットを検索していたところ、再び同じ筆者のブログに到達したので、驚いたという次第である！　彼女は、二〇〇九年四月に東大の理科一類に入学したそうで、ブログのタイトルも「本の虫の受験記録」から「本の虫の大学生日誌」に改訂されている。

さらにビックリしたのは、彼女が私の授業を受講していたということだった！　ブログの日記を遡ってみると、二〇〇九年四月、私の最初の授業に出席した日の感想が出てくる。「記号論理が面白かったです。……結構大きな教室で立ち見が出てました。あ、記号論理の先生は、あの高橋昌一郎先生ですよ、ＫＩＮＧ王さん！（自慢に行きたかったけどお忙しそうなので自粛）基礎現代化学を犠牲にしても（裏の化学は確か大仏とか）この講義はとるつもりですが、後半難しそうだなぁと思ったり」（二〇〇九年四月九日、「KING王」は彼女のブログ仲間、「裏」は同時限に開講されている授業のこと）

時系列で追っていくと、彼女の視点から見た大学や授業の様子がわかって、おもしろい。すでに説明したように、東大の入学式は、授業開始後に行われた。「（小声で）もう授業始まってるのに今更入学式って言われても、ねぇ……。げふげふ。今日は武道館で入学式でした。……凄い量の人でした。大学生だけで三千人だもんね。保護者は二人まで入れる（券無くした保護者だと言い張ったら多分もっと入れるらしい）んで、一万人近い人間がいた、と。うちのクラスは、半分くらいが入り口で集結して、みんなで近くの席に座りました。直前からメーリス飛び交いまくり。……ちょ、隣の子！（同クラ）まだ式辞も始まってないのに寝るな!! ……総長先生、良いこと言っておられたけど、式辞長すぎます（25分くらいなんですが）。新入生代表、真面目な雰囲気漂いまくり。超頭良さそう……退場は無茶苦茶大変」（四月一三日、「メーリス」は「メーリングリスト」、「同クラ」は「同クラス」の略語）

五月のゴールデンウィークが近づいてくると、彼女は課題やバイトで時間を使いたいので東京に居たいのに、遠方の実家の両親からは帰省するように言われて困るという微笑ましい話が出てくる。「さて、そんな愚痴は置いて、高橋先生である。講義は、今のところ楽しい。前半は論理学の楽しさに触れる講義で、記号論理は後半にやるらしい。ちゃんと期末テストもある。それはちょっと怖い。理系だけの授業なのだが、皆、こういう方面の知識にも通暁していて、自分の知識のなさを恥じるばかりである」（四月二九日）

その後、授業やサークルも忙しくなってきたためか、彼女のブログは、一、二週間に一度程度の頻度でしか更新されなくなっている。「六月がいつの間にか下旬になってますよ馬鹿野郎。とりあえず、最初の試験（繰り上げ。二外の演習と記号論理学）まであと二週間です。理系科目は、いみふです。大学ってね。受験生が思うほど暇な所じゃないよ！　と、受験中の自分に教えてやりたいですが、教えたら最後、本気で受験しなくなる気がします」（六月二五日、「二外」は「第二外国語」、「いみふ」は「意味不明」の略語）

試験の前の週には、次のような記載がある。「で、来週の木曜に、最初のテストがございます。二外の演習と、記号論理学です。今度こそ死ぬかもしれません。なんで、うちの、大学は、一年に、対して、Sなんだ！」（七月四日、「S」は「サディスティック」の略語）

そして、試験を受けた直後の日記。「記号論理学、証明できねー。でも、可は大丈夫。

良ももらえるんじゃないかと思うんだけどなー」（七月一五日）

夏休みが明けて一〇月になると、夏学期の成績が開示される。「……高橋先生の記号論理学は優でした。というか、総合科目唯一の優でしたw。冬学期も、あったらとろうかなぁとか一瞬だけ思ったんですが、なかったです。残念。……高橋先生は、レジュメが英文な上に他の授業との関連がほぼ皆無で（汗）ラスト三回くらいの授業からついていけなくなった私は相当焦りました。優しい人で良かったですw」（一〇月四日、「w」は「笑」の略語）

このブログは、もちろんペンネームで書かれていて、授業で「優」だった女子学生も複数存在するため、彼女がどの学生だったのかは定かでない。ともかく記号論理学で「優」を取った成果を大切に、今後もがんばってほしいものである！

†東大生（文科・男性）のブログ

もうひとつネットで発見したのは哲学専攻を志望する文科二年生のブログで、彼も私の授業を受講していたそうだが、こちらは理科の学生と違って登録せずに潜って受講しているため、どんな学生だったのか、さらに見当がつかない。彼のブログには、ふと思い立って一人旅に出掛けた北陸の街並みや、青山墓地を散歩していて見かけた野良猫の写真などが掲載されていて、哀愁が漂っている。[37]

二〇〇九年度夏学期の彼の日記は、次のように始まっている。「四月八日から大学の授業が始まるので、今はシラバスとにらめっこしながら履修する講義を決めています。大学生活ではこの時期が一番楽しいものです。自分の能力に対して無限に期待することができ、希望ばかりが目に映ります。シラバスに掲載されているあらゆる講義が魅力的に見え、知的好奇心を最大限に研ぎ澄まして厳しい選別を行うのです」

その「厳しい選別」の結果、彼が定めた「時間割」が掲載されているので見てみると、まず月曜日には一時限から五時限まで「古典語（ギリシャ語）初級」・「比較思想」・「哲学」・「思想・芸術一般（宗教学）」・「社会・制度一般（経済学）」の五科目がビッシリと埋め込まれている！　他の曜日にも毎日二、三科目以上、外国語は必修の「英語」・「ドイツ語」に加えて「ギリシャ語」・「ラテン語」、さらに「記号論理学」の他にも「適応行動論」や「精神分析学」などの選択科目などを含めて、週一六コマが詰まっている。

私の授業を受けた直後のブログには、『理性の限界』について次のような記載がある。「今学期、高橋教官の授業を受けるので、この本を読みました。氏曰く、『オモシロいから読んでね！』とのことです。題名通り、本書のテーマは『理性の限界を知ること』です。我々が普段疑うことのない常識にも、大きな抜け穴があります。物理学や論理学のような、一見すると非の打ちどころのない整合性をもつ学問にも、なんらかの矛盾を含むということを分かりやすく伝えています」

さて、その彼が「駒場の大学生の現状」について語っているのだが、やはり二年生ということもあって、周囲を冷静に観察し自己を洞察した成果が表れていて、実に興味深い。

「東大生といっても、マジメでガリ勉ばかりではありません。本当に学問を学ぼうという意志があるのは、ほんのごくわずかの学生のみです。残りの大多数は、授業よりもサークル活動やバイトなどに精を出します。といっても、東大生の性格がマジメではないのかと言えば、そうではありません。試験前にはシケプリ（試験対策プリントで、クラスごとに担当を決めて製作）を集めてせっせと勉強し、なんとか単位を取ります。その辺のチャッカリとしたところは腐っても東大生です」

私の授業にも「シケプリ」を担当していたらしい学生が数名いた。彼らは、科目ごとにクラスで選出される「シケタイ」（試験対策委員）で、早目に教室に来て最前列付近に座り、講義中は真剣にノートを取り続け、授業後には不明な点や証明問題の解答などを細かく聞きに来てメモする。サボっていた学生は、このシケプリを参考に勉強して試験に臨むわけだが、記号論理学には自力で解かなければならない証明問題が含まれているので、学生が本当に理解しているのかそうでないのかは、私にはすぐにわかる。

学期末になると、いつも最前列に座っていた一人の東大生が、私の授業のポイントを詳細に説明したプリントを持ってきて言った。「正直に言いますが、実はボクはシケタイでした。そのため忙しくて、先生の授業では、ぜひおもしろいレポートを書きたかったのに、その時間がなかった。しかし、先生の授業は全部出席して、講義内容もすべて完璧にまとめてありますから、これをレポートとして認めてください！」

というわけで「チャッカリとした」東大生が実在することはたしかである。それにしても、とくに文科の学生は、このようなシケプリに助けられるうえに、実験などで拘束される理科の学生に比べて、時間的にも遙かに余裕があるらしい。それでは、その自由な時間、彼らは何をするのだろうか？

「それは他の大学生と同じです。ハジけるのです。寒いバンドを作ってみたり、テニスサークル（通称テニサー）に入って一生懸命に女の尻を追いかけたり、とりあえず髪を染めてみたり、ラル・カン・シェルっぽいファッションにしてみたり。あらゆる手段を講じてチャラくなって異性を追い求め、その時その時を楽しく過ごそうと努力するのです。東大生は友人とつるむのが大好きなので、友人といるときは何か無茶なことをやろうとします」(「ラル・カン・シェル」はロックグループ"L'Arc~en~Ciel"のこと)

実際に私は、授業前の夕刻、駒場キャンパスのコミュニケーション・プラザ前の広場で、何人かのダンスサークル(通称ダンサー)所属らしい東大生が地面に直接座り、CDラジカセでヒップホップ風の音楽を響かせている光景を見た。そのうち、急に二人が立ち上がって、ストリート・ダンスのようなものを踊り始めた! 周囲を歩いていた東大生たちは、一瞬凍りついたように立ち止まったが、その後、まったく無表情のまま彼らの側を通り過ぎて、書籍売り場に吸い込まれていった……。

「しかし悲しいかな、所詮は東大生です。どんなに見た目を取り繕っても、心の底からハジけることはできません。まだ多少の遠慮がある分、他の大学生よりも遊びに夢中になれないのです。NHKがどんなに頑張ったところで、予定調和の笑いしか生み出せないのと同じです。そんな彼らの姿は、傍から見ると『無茶してる』感がどうしても垣間見えますし、正直なところイタイです」

たしかに、書籍売り場の前で踊っていた東大生たちは「心の底からハジける」感じではなかった。ラジカセの音量も周囲の迷惑にならないように絞ってあったし、通行者の邪魔にならないように遠慮がちに踊っていたし、何よりも服装が綺麗でスニーカーは真白で新品のようだった……。

東大生のブログは、次のように続く。「なぜこのようなことを書くのかというと、私も去年は怠惰な学生だったからです。『陰気でガリ勉な東大生』という固定観念から抜け出してアイデンティティー(笑)を見つけるために、講義をサボって友人と食堂でつまらない話をし、サークル活動に夢中になりました。『いかに授業に出ていないか』ということを自慢することは東大生の趣味のようなもので、試験前には特にそれが激しいです。『東大生のくせに勉強をしていない』という自分の姿がカッコよく感じるのでしょうね」

そして彼は、二年生に進級した時点で、次のように決意したという。「私は去年一年間を反省し、今年は努めて真面目に過ごすことに決めました。今思うと、自堕落に経過した一年が恨めしいです。今年はそれを取り返すまで勉強をするつもりです。結局、東大生は学問をすべきなのです。それだけの環境は整えられているのですから」

あたかも彼は「悟り」を開いたかのようである! その後の彼のブログを眺めると、たしかに生まれ変わったように勉強に励んでいる様子がわかる。「自分の一日を顧みると、毎日大学へ行って、九時間弱みっちり勉強しています。図書館が自分の棲家になりつつあります。今日なんて、大学では一言も喋らないで家に帰ってきました。少し寂しかったです。友達イナーイ。図書館最高！」

私もアメリカの大学の図書館に朝から夜まで籠っていた時期の記憶があるが、そこまで徹底的に集中して勉強を継続できるのは、やはり学生時代だけなのではないだろうか……。図書館で著作を通してプラトンと対話し続けるような九時間は、今しか経験できない貴重な時間に違いない。ぜひその調子でがんばって、といっても時には息抜きしながら、立派な哲学者になってほしいものである！

†授業評価

さて、いよいよ終わりが近づいてきた。試験が終了すると、今度は学生が教官を評価する番になる。東大教養学部では「自己点検・評価」の一環として、全授業を対象とする「学生による授業評価アンケート」を実施している。私もルールにしたがって、試験終了後に学生にアンケート用紙を配布し、無記名マークシート方式で回答してもらった。

当日試験を受けた学生は一六九名、アンケート回答者は一四五名（八五・八パーセント）

だったので、試験終了直後で疲れていたにもかかわらず、クラスの大多数の東大生がきちんと回答してくれたことがわかる。アンケートは全二〇問で、入学年度・科類を尋ねる一般的な質問から教官の熱意・授業内容に踏み込む質問など幅広く、最後に教官の「総合評価」というものもある。

その後、私の「担当授業」と「全教養科目」の評価を比較した集計結果が教務課から送られてきたので、ここでは、直接私の授業に関わる五問の成果を公開しよう！

（次頁に掲載）

というわけで、直接私の授業に関わる五問の評価結果については、どれも五ポイント評価の四ポイント以上であり、「総合評価」も四・三四ポイントということだったので、クラスの東大生諸君は私に「優」をくださったものと理解している。

なお、最終日のコメントシートには自由に授業の感想を書いてもらったのだが、そこには次のような記載があった。

「論理学という無味乾燥な寒天のような印象を与える分野を、よくもまあ、ここまで楽しくプレゼンしてくださったもんだと驚嘆します。さすが、非東大教授（笑）！　他の東大教授におもしろい授業のやり方を伝授してほしい！」

先生の話し方	非常に聞きとりやすい(5)	聞きとりやすい(4)	普通である(3)	聞きとりにくい(2)	非常に聞きとりにくい(1)	無回答	合計	平均値	標準偏差
担当授業	100	38	6	0	1	0	145	4.63	0.63
	69.0%	26.2%	4.1%	0.0%	0.7%	0.0%	100.0%		
全教養科目	3350	4330	3096	862	152	25	11815	3.84	0.96
	28.4%	36.6%	26.2%	7.3%	1.3%	0.2%	100.0%		

先生の説明の仕方	非常にわかりやすい(5)	わかりやすい(4)	普通である(3)	わかりにくい(2)	非常にわかりにくい(1)	無回答	合計	平均値	標準偏差
担当授業	39	82	17	6	1	0	145	4.05	0.78
	26.9%	56.6%	11.7%	4.1%	0.7%	0.0%	100.0%		
全教養科目	2850	4914	3102	715	189	45	11815	3.81	0.93
	24.1%	41.6%	26.3%	6.1%	1.6%	0.4%	100.0%		

学生の質問に対する先生の対応	大変熱心である(5)	熱心である(4)	普通である(3)	あまり熱心ではない(2)	不熱心である(1)	無回答	合計	平均値	標準偏差
担当授業	67	61	14	2	0	1	145	4.34	0.71
	46.2%	42.1%	9.7%	1.4%	0.0%	0.7%	100.0%		
全教養科目	3038	4233	4186	104	49	205	11815	3.87	0.82
	25.7%	35.8%	35.4%	0.9%	0.4%	1.7%	100.0%		

新しい知識・学力の獲得	大いに役立った(5)	役立った(4)	普通である(3)	あまり役立たなかった(2)	ほとんど役立たなかった(1)	無回答	合計	平均値	標準偏差
担当授業	54	74	14	2	1	0	145	4.23	0.73
	37.2%	51.0%	9.7%	1.4%	0.7%	0.0%	100.0%		
全教養科目	3704	5472	2055	323	195	66	11815	4.04	0.87
	31.3%	46.3%	17.4%	2.7%	1.7%	0.6%	100.0%		

総合評価	大変満足している(5)	ほぼ満足している(4)	普通である(3)	やや不満である(2)	非常に不満である(1)	無回答	合計	平均値	標準偏差
担当授業	72	54	17	1	1	0	145	4.34	0.76
	49.7%	37.2%	11.7%	0.7%	0.7%	0.0%	100.0%		
全教養科目	3847	4670	2485	499	168	146	11815	3.99	0.92
	32.6%	39.5%	21.0%	4.2%	1.4%	1.2%	100.0%		

東大生による授業評価・2009年度夏学期・高橋昌一郎「記号論理学」

これに類したコメントは幾つかあったが、よく言われているように、本当に東大教授の授業がおもしろくないのかといえば、そんなことはないはずである。実際に、東大から逆に非常勤講師として私立大学に出講されている先生方の講義のなかには、非常に人気の高い授業も多々ある。ただそれは、先生方がリラックスされているから結果的に楽しい授業になっているのであって、やはり東大教授は、相手が東大生となると、つい親心から厳しくなっているような気もしないではないが……。

「高橋先生の口癖は『楽しい!』だった。きっと毎日楽しくて仕方がないような生活を送られているのだろう。他にも『見えた?』とか『ダイジョウブ?』などのセリフがあって、いろいろな友達がモノマネしていた。みんなに愛されているんだと思った」

私自身ではあまり意識していないのだが、どうしても多用する言葉があることはたしかである。たとえば学生が証明しているとき、方法が「見えた?」と尋ね、違う方向に進んでいたら「ダイジョウブ?」とアドバイスして、解けたら「楽しい!」のように使う。もちろん、実際の私の毎日が必ずしも「楽しくて仕方がない」わけではないのだが、一歩教室に入れば、学生との授業に「楽しく」集中するのが当然の務めだと思っている。これは、プロの教師であれば、誰もが実践していることだろう。

「どんな学生のバカげた意見（僕がそう思った意見）にも『おもしろい』と対応していて、そんな風に何でも受け入れられるからこそ、先生はおもしろい本を書けるのだろうし、学生たちもぐんぐん高橋ワールドに引き込まれていくのだろう」

これは私の信念である。いかなる意見が学生から飛び出てきたとしても、そこから「おもしろい」論点を引き出すのが私の仕事だと思っている。おそらく教育で最も重要な目的は、いかに学生に科目について多くを学ばせるかということではなく、いかに学生にその科目に興味を抱かせるかということに尽きるだろう。というのは、いったん学生が科目に興味を抱いて好きになってくれたら、結果的に学生は、こちらが思いもしなかったくらい科目について多くのことを自発的に学ぶようになるからである！[38]

「論理学の必要性を喚起させ、興味を持たせてくれる部分は非常に楽しかったが、とくに後半、記号論理学の演習に時間を費やしてしまったことが残念。証明問題と解答はプリントで学生の自学自習に任せ、授業中はもっといろいろとおもしろい論理の話をしてほしかった」

こちらは、クラスのなかでも最優秀の部類に入る東大生の意見である。これに類したコメントとして、テキストに書いてある内容は家で読めば理解できるのだから、授業ではテキストに書いていない内容だけを扱ってほしいという意見もあった。ここまで自学自習能力に優れている学生は、もはや学部の一年生というよりも、大学院レベルの意識を持った研究者といえるのではないだろうか……。すばらしい意見だが、もし実際にこのような授業を学部で行ったら、いくら東大生でも半数以上が脱落してしまうだろう。

「この授業の真の目的は、『論理至上主義』で理屈が世の中で最も強いのだと信じる頭でっかちな理系東大生に、理屈が万能でないことを思い知らせることなのではないか。これは、記号論理の完全性や有効性を学ぶ一方で、『理性の限界』を用いて『論理的にはこうなるよね。でも、それってどうなの?』という議論も行われてきたことから判断するものである」

ここまで私の真意を理解してもらえたなら、私も講義を行った甲斐があったというものである! ともすると記号論理学は「頭でっかち」な人間をさらに「頭でっかち」に増幅する武器にもなりうる。だからこそ私は、論理の「完全性」(美しさ)と「限界」(危険性)の両面に関わる話題をディスカッションに加えてきたのである。ソクラテス風に言うならば、自分を「頭でっかちな理系東大生」だと知っている東大生は、もはや「頭でっかち」ではないことを誇りに思ってほしい!

おわりに

本書は、二〇〇九年度夏学期の木曜日五時限、東京大学駒場キャンパスで私の担当する記号論理学を受講してくださった二〇〇名あまりの東大生諸君がいなければ、存在しない。まず何よりも、クラスの受講者諸君全員に厚くお礼を申し上げたい。万一、本書がベストセラーになったら、感謝をこめて皆さんを豪華パーティにご招待する予定なので、楽しみにしていてほしい[39]!

同時に、私のようなアウトサイダーに講義の機会を与えてくださった東京大学教養学部哲学・科学史部会主任の高橋哲哉教授と教務担当の野矢茂樹教授に深くお礼を申し上げたい。いつだったか学会の懇親会会場で、野矢先生が「私が東大を出て行かないのに二つ理由があって、二番目の理由は、東大はやはり学生に恵まれているということですね」と言われたことがあった。一番目の理由を尋ねると「それは他に行くところがないからです」という冗談だったが、東大は「学生に恵まれている」という真意が、おかげさまで、ようやく私にも実感できたような気がする。

さて、「東大」に関する文献をネットで検索すると、八〇〇〇冊を超える膨大な書籍が出てきて、題名を見るだけでも興味深い。やはり最も目につくのは東大受験に関連した問題集や参考書で、いわゆる『東大の英語』などの赤本シリーズをはじめ、『東大数学で1点でも多く取る方法』や『東大入試至高の国語「第二問」』のように特化した内容のものもある。そこから『私の東大合格作戦』や「東大生が教える合格テクニック」シリーズのように、「合格」を主題とする本へ広がっている。

なかでも現役東大生が執筆した本は人気らしく、『東大家庭教師が教える頭が良くなる勉強法』や『ミス東大加藤ゆりの夢をかなえる勉強法』といった「勉強法」の紹介から、『東大生が書いたやさしい株の教科書』や『現役東大生が書いた地頭を鍛えるフェルミ推定ノート』に至るまで、実に幅広い品揃えである。

話題になった『東大合格生のノートはかならず美しい』や『東大脳の作り方』はもちろん、東大生の実態を紹介した『東大生たちの「性」』や『東大生はなぜ「一応、東大です」と言うのか?』に加えて、『なぜ、東大生はカレーが好きなのか』のように「脳を鍛える最強の食事術」を考案したという本まで出ている。

過去に読んだことがあったものとしては、東大から日本の教育制度を俯瞰した立花隆氏の『東大生はバカになったか』と東大闘争の安田講堂事件をスリリングに描いた佐々淳行氏の『東大落城』、それにもっと昔に読んで抱腹絶倒した小林よしのり氏の『東大一直線』も出てきて懐かしくなった。

一方、東大の教授陣による書籍としては、専門分野に関わる研究書・解説書・教科書類を除いた一般向けの書籍になると、教養学部編「高校生のための東大授業ライブ」シリーズや惑星科学者の松井孝典氏による『松井教授の東大駒場講義録』のような講義録、それに『東大教師が新入生にすすめる本』のような啓蒙書はあるが、数え切れないほどのバラエティに富んだ「東大本」に比べると、それほど目立たないように映る。

とくに、実際の東大生が何を考えているのか、彼らは授業中どのように反応しているのか、先生と学生のコミュニケーションはどのようなものなのか、東大の授業の現場と東大生のイメージを思い浮かべることができるような本をいくら探しても、私には見つけられなかった!

東大には、一〇〇〇名を超える専任教官が存在し、なかには大学・大学院・職歴とすべて東大の「三行履歴」と呼ばれる「エリート教授」も存在する。そのような先生方こそ、表から裏まで東大と東大生のすべてをご存知のはずであり、活き活きとした東大生との交流にまつわる興味深い話を執筆していただくことができるのではないだろうか。

ただし、実際に勤務している本務校と学生に関わる内容については、逆にあまりにも知りすぎていて書き難い側面があることも事実であろう。むしろ、私のように東大で一度だけ講義を担当した非常勤講師の方が、東大生との一期一会の交流について、何らの先入観も制約もなく自由に描くことができるのではないか……。そのように愚考した結果、誠におこがましいことではあるが、あえて本書を上梓することになった次第である。その点、関係者の皆様のご寛容を賜ることができれば幸いである。

ちょうど私の担当したクラスの東大生は、東大に入学したばかりの理系一年生が中心だったので、教官も学生もお互いにすべてが新鮮な新学期の授業において、純粋に知的な交流が行えたのではないかと思っている。その意味で本書は、一クラスに集まった東大生たちの「天才・秀才・奇才的発想」を一教官サイドから描写したスケッチのようなものであり、その感覚で読者の皆様にお楽しみいただけたとしたら、誠にありがたいことだと思う。

それでは、東大生の論理とはどのようなものだったのか？　改めて本書で挙げてきた特徴に「○○力」というキーワードを加えてまとめると、次のようになる。

東大生の一〇の論理

①状況を整理して図式化する［分析力］
②与えられた条件すべてを満たす方法を発見する［適応力］
③解の一般化を見出す［洞察力］
④負けず嫌いで再度チャレンジする［奮発力］
⑤想像力が豊かで発想を転換できる［独創力］
⑥自主的に応用し研究を進める［行動力］
⑦懐疑的で風刺できる［批判力］
⑧理解できたと納得するまで諦めない［忍耐力］
⑨思いのほか正義感が強い［倫理力］
⑩感受性が鋭くユーモア・センスもある［機転力］

もちろん、クラスのすべての東大生が、これらの一〇の発想すべてを兼ね備えているわけではない。これらの特徴は、本書でもそれぞれの場面で説明してきたように、あくまで私がクラスの特定の東大生から機会に応じて与えられたイメージの集積であって、いわば彼らに見られる一連の「志向性」とでもお考えいただければ幸いである。

このような発想を有する優秀な学生は、東大ばかりでなく、どこの大学にも必ず見られるものである。ただし、クラスの多くの学生がこのような志向性を共有し、相互に刺激し合うことによって、さらに知的好奇心が増幅されるようなグループとして考えると、やはりクラスの東大生は他に類をみない抜群の知的集団だったというのが、私の正直な印象である。彼らの今後のすばらしい将来を願ってやまない。

最後になったが、本書執筆の機会を与えてくださったちくま新書編集長の増田健史氏と担当の橋本陽介氏に感謝したい。最初に橋本氏から長いお手紙を頂戴して以来三年間が過ぎたが、常に温かく励ましていただいたことによって、スムーズに本書を書き上げることができた。

情報文化研究会のメンバー諸氏には、さまざまな視点からヒントや激励をいただいた。

それに、家族と友人のサポートがなければ、本書は完成しなかった。助けてくださった皆様に、心からお礼を申し上げたい。

高橋昌一郎

二〇一〇年九月一七日

注釈

はじめに

[1] 以下、東京大学の沿革については、東京大学本部広報グループ編『東京大学の概要２００９ガイドブック』二〇〇九年、八〜九ページ参照。

[2] 以下、東京大学に関する統計的数値情報については、前掲書および東京大学渉外本部編『東京大学アクション・プランガイドブック２００８』講談社、二〇〇七年、一五八〜一九九ページ参照。

[3] 「後輩よ東大入れば54万円」『朝日新聞』二〇一〇年二月一七日号参照。

[4] 「東大までの人、東大からの人」『週刊現代』二〇一〇年二月六日号・三月二〇日号、「東大に行ける子供、行かせる学校」『週刊文春』二〇一〇年三月二五日号、「東大合格『受験戦線』に異状あり」『週刊新潮』二〇一〇年三月二五日号参照。

[5] 「二〇〇八年（第五八回）学生生活実態調査の結果」『東京大学学内広報』第一三九三号、二〇〇九年参照。東大の「二〇〇八年度学生生活実態調査」は、「学部・科類別無作為抽出法」で全学部在籍者数の四分の一を抽出し、学生は自由記述の上、郵送で学生生活委員会に返却するという大がかりな調査だが、とくにその「具体的記述」には、週刊誌の記事を裏付けるような悩みが掲載されている。

第一に目を引くのは彼らの「居場所のつかめない孤独感」である。「孤独な学生生活を送っています。人とのつながりがなく、毎日むなしく過ごしています。ほとんどの授業が講義形式のため人と会話することなく一日を終えることもあります」（法学部・男性）、「周囲の有能さと自らの平凡さに苦しむ毎日が続くあまり、自己の精神が解離を起こす様を眺める毎日が続く。……数多くのコミュニティに籍を置くあまり、自分の居場所が摑めず孤独感にさいなまれている。一人暮らしということもあり、真っ暗な玄関に出迎えられた際の絶望感が襲う」(理科二類・男性)

第二に目を引くのは彼らの「周囲の有能さに対する焦燥感」である。「自分は中・高と親の言いなりになって、結局ここまで来てしまった気がする。このような人物には、自主性、自立性が欠けており、健全な大学生活を営むのは難しい。今までは『頭がいい』というだけで自然と友達ができていたが、大学ではそのようなアドバンテージはなく、苦労している」(理科一類・男性)、「東大は他大と比べ、周りの学生の頭が良く、故に善くも悪くも勉強に気が抜けない。それが時に重いプレッシャーとして精神にのしかかってくる。自分には一人でそれを解決することは難しく、結果留年か休学する事態になってしまった」(文科一類・男性)

第三に目を引くのは彼らの「周囲の人間性・社会性に対する不満感」である。「いわゆるオタクが、クラスの大半を占めているが、自分はそのような人々と友人関係を築けないため友人をつくることができず困っている。……世間で言われている以上に、勉強ができるから入学したような人が多く、人として魅力を感じることができる人物はまれで、幻滅を感じるばかりである」(理科一類・男性)、「先日、たまたま共同研究を行うことになった学生から心無い仕打ちを受け、トラウマになるような体験をしました。……大学ではただ高度な専門教育を行うだけでなく、学生の人間性を育む役目を果たしていただきたいです。どんなに学力が高くても、社会性に欠ける学生の存在は同じ東大生として恥ずかしく思います」(文学部・女性)

もちろん、ここには現代の大学生あるいは若者ならば誰でも抱くような孤独感・焦燥感・不満感も含まれているが、一方には東大生特有の深刻な問題点も浮かび上がっているように映る。

第一回講義

[6] 高橋昌一郎『理性の限界』講談社現代新書、二〇一〇年、『ゲーデルの哲学』講談社現代新書、一九九九年、『哲学ディベート』NHKブックス、二〇〇七年、『科学哲学のすすめ』丸善、二〇〇二年。なおこれらの拙著と本書に重複内容のあることをお断りしておきたい。

[7] 以下、シラバスについては、東京大学教養学部前期課程『平成21年度夏学期（1・3学期）科目紹介・時間割表』、二〇〇九年、一〇九ページ参照。

[8] 高橋昌一郎『哲学ディベート』NHKブックス、二〇〇七年、九～一〇ページより引用。

[9] 前掲書、一〇～一二ページより引用。

第二回講義

[10] 高橋昌一郎「詐欺の論理」『TASC MONTHLY』（たばこ総合研究センター）、第三八八号、二〇〇八年、一一～一六ページ参照。これに類した多彩な詐欺については、Carl Sifakis, *Hoaxes and Scams*, New York: Facts on File, 1993［カール・シファキス（鶴田文訳）『詐欺とペテンの大百科』青土社、二〇〇一年］参照。

第三回講義

[11] 以下、スモールワールド仮説については、Duncan Watts, *Six Degrees*, New York: Norton, 2003［ダンカン・ワッツ（辻竜平・友知政樹訳）『スモールワールド・ネットワーク』阪急コミュニケーショ

ンズ、二〇〇四年〕参照。

第四回講義

［12］ 以下、エセックス号とポリー号の事件については、Nathaniel Philbrick, *In the Heart of the Sea*, New York: Harper, 2000〔ナサニエル・フィルブリック（相原真理子訳）『復讐する海』集英社、二〇〇三年〕参照。

第五回講義

［13］ 以下、第三回社会的ジレンマ国際学会の実験については、David Messick and Christel Rutte, "The Provision of Public Goods by Experts: The Groningen Study," in *Social Dilemmas*, edited by Wim Liebrand, David Messick and Henk Wilke, Oxford: Pergamon Press, 1992, 101-107参照。

［14］ この種の古典的実験については、Anatol Rapoport, *Game Theory as a Theory of Conflict Resolution*, Boston: Reidel, 1974参照。囚人のジレンマに関連した話題については、William Poundstone, *Prisoner's Dilemma*, New York: Doubleday, 1992〔ウィリアム・パウンドストーン（松浦俊輔他訳）『囚人のジレンマ』青土社、一九九五年〕およびDavid Barash, *The Survival Game*, New York: Holt, 2003〔デイヴィッド・バラシュ（桃井緑美子訳）『ゲーム理論の愉しみ方』河出書房新社、二〇〇五年〕参照。

［15］ スマリヤンとホフスタッターの論争については、Raymond Smullyan, *Some Interesting Memories*, New York: Thinker's Press, 2002〔レイモンド・スマリヤン（高橋昌一郎訳）『天才スマリヤンのパラドックス人生』講談社、二〇〇四年、一六五〜一六八ページ〕参照。

[16] ハーパーの実験については、David Harper, "Competitive Foraging in Mallards: 'Ideal Free, Ducks," *Animal Behavior*: 30 (1992), 575-584参照。ゲーム理論と生物学の関連については、Tom Siegfried, *A Beautiful Math*, New York: National Academy Press, 2006［トム・ジーグフリード（冨永星訳）『もっとも美しい数学』文藝春秋、二〇〇八年］参照。

第六回講義

[17] 以下、働きアリの実験については、長谷川英祐「お利口ばっかりでも、たわけばっかりでもダメよね！「集団」行動の最適化」『日本動物行動学会NEWSLETTER』：43 (2004), 22-23および「アリははたらきものに『?』北大助手ら確認　2割『働かない』」『京都新聞』二〇〇三年一一月一五日号参照。

[18] 松下幸之助『経営心得帖』ＰＨＰ文庫、二〇〇一年参照。

[19] 以下、マーフィーの法則については、Judith Stone, "The Law of Gravity, The Law of Levity, and Murphy's Law," *Mysteries of Life and the Universe*, New York: Jovanovich, 1992［ジュディス・ストーン（竹内郁雄訳）「重力の法則、軽力の法則、そしてマーフィーの法則」『生命の不思議、宇宙の謎』白揚社、一九九四年、二七九～二八八ページ］参照。

[20] 中垣俊之『粘菌　その驚くべき知性』ＰＨＰサイエンス・ワールド新書、二〇一〇年参照。

第七回講義

[21] 「優三割規定」については、東京大学教養学部前期課程『東京大学前期課程教育の理念と実践』二〇〇九年、二五ページ参照。なお「前期運営委員会は、提出された理由書を検討の上、必要があると判

断した場合には、当該教員の所属前期部会での検討、あるいは前期運営委員会において当該教員の説明を求めることができる」ということである。「進学振分け」については一三〜一五ページ参照。

[22] John Harris, "The Survival Lottery," in *Violence and Responsibility*, London: Routledge, 1980［ジョン・ハリス（新田章訳）「臓器移植の可能性」『バイオエシックスの基礎』東海大学出版会、一九八八年、一六七〜一八四ページ］参照。

第八回講義

[23] 以下、シンポジウムについては、「JAPAN SKEPTICS第10回総会記念シンポジウム『二〇〇一年宇宙の旅再論』」, *Journal of the Japan Skeptics*: 11 (2005), 19-39参照。

[24] この後の意見交換については、高橋昌一郎『科学哲学のすすめ』丸善、二〇〇二年、一八一〜一八四ページ参照。

[25] 哲学ディベートの重要性については、高橋昌一郎『哲学ディベート』NHKブックス、二〇〇七年、二二五〜二三〇ページ参照。

[26] 以下、推論の妥当性の詳細については、Raymond Smullyan, *Some Interesting Memories*, New York: Thinker's Press, 2002［レイモンド・スマリヤン（高橋昌一郎訳）『天才スマリヤンのパラドックス人生』講談社、二〇〇四年、一一五〜一一八ページ、二二一ページ］参照。最初の推論は妥当である。「なぜなら、誰もが私の赤ちゃんを愛しているのだから、私の赤ちゃんも人間である以上、私の赤ちゃんを愛している。つまり、私の赤ちゃんは私の赤ちゃんを愛している。そして、私の赤ちゃんは、私だけを愛している。したがって、私と私の赤ちゃんは同一人物でなければならない。」次の推論も妥当で

ある。「なぜなら、ロミオはジュリエットを愛している以上、ロミオは恋人である。よって、誰もがロミオを愛している。さらに、誰もが恋人となる。よって、誰もが誰もを愛している！　したがって、とくにイアーゴはオセロを愛している。」

[27]　高橋昌一郎『Modern Logic』英進社、一九九二年参照。

第九回講義

[28]　山田洋次監督・渥美清主演『男はつらいよ』松竹映画配給、一九六九〜一九九五年参照。

[29]　David Newton, *Science Ethics*, New York: Franklin Watts, 1987［デービッド・ニュートン（牧野賢治訳）『サイエンス・エシックス』化学同人、一九九〇年］参照。

第一〇回講義

[30]　Carl Sagan, *The Demon-Haunted World*, New York: Random House, 1996［カール・セーガン（青木薫訳）『カール・セーガン科学と悪霊を語る』新潮社、一九九七年、二六ページ］参照。

[31]　Richard Feynman, *What Do You care What Other people Think?* New York: Norton, 1988［リチャード・ファインマン（大貫昌子訳）『困ります、ファインマンさん』岩波書店、一九八八年］参照。

[32]　Richard Feynman, *Perfectly Reasonable Deviations from the Beaten Track*, New York: Basic Books, 2005［リチャード・ファインマン（渡会圭子訳）『ファインマンの手紙』ソフトバンククリエイティブ、二〇〇六年、九九〜一〇一ページ］参照。

[33]　「小惑星探査機『はやぶさ』に国民栄誉賞を」『産経新聞』二〇一〇年五月一五日号参照。

[34]「はやぶさ帰還」『東京新聞』二〇一〇年六月一四日号参照。
[35]「あきらめない姿　人生重ね」『朝日新聞』二〇一〇年六月一四日号および「はやぶさの挑戦　意地で頑張った」『東京新聞』二〇一〇年七月二日号(夕刊)参照。

残りの講義

[36]「本の虫の大学生日誌」(http://blogs.yahoo.co.jp/bluesapphire_al2o3)参照。
[37]「からくり文庫」(http://koyasho.blog56.fc2.com/)参照。
[38] この教育理念はスマリヤンの影響によるものである。Raymond Smullyan, *Some Interesting Memories*, New York: Thinker's Press, 2002［レイモンド・スマリヤン(高橋昌一郎訳)『天才スマリヤンのパラドックス人生』講談社、二〇〇四年、一五四〜一五五ページ］参照。

おわりに

[39] 新書の「ベストセラー」に明確な定義はないようである。一定期間(たとえば発売から半年間)に一定部数(たとえば一〇万部)を超えたら文句なくベストセラーとよばれるらしいが、もっと長期的に継続して重版のかかる書籍を指すこともあるらしい。いずれにしても、万万万が一本書が「ベストセラー」とみなされるような事態が生じたら、改めて幹事からクラス全員に連絡する予定なので、気長に待っていてほしい(笑)!

ちくま新書
881

東大生《とうだいせい》の論理《ろんり》――「理性《りせい》」をめぐる教室《きょうしつ》

二〇一〇年一二月一〇日　第一刷発行
二〇二〇年一二月　五　日　第四刷発行

著　者　高橋昌一郎（たかはし・しょういちろう）
発行者　喜入冬子
発行所　株式会社 筑摩書房
東京都台東区蔵前二-五-三　郵便番号一一一-八七五五
電話番号〇三-五六八七-二六〇一（代表）
装幀者　間村俊一
印刷・製本　株式会社 精興社

ISBN978-4-480-06582-7 C0295

ちくま新書

604 高校生のための論理思考トレーニング　横山雅彦

日本人は議論下手。なぜなら「論理」とは「英語の」思考様式だから。日米の言語比較から、その背後の「心の習慣」を見直し、英語のロジックを日本語に応用する。2色刷。

110 「考える」ための小論文　西研　森下育彦

論文を書くことは自分の考えを吟味するところから始まる。大学入試小論文を通して、応用のきく文章作法を学び、考える技術を身につけるための哲学的実用書。

707 思考の補助線　茂木健一郎

自然科学の知見と私たちの切実な人生観・価値観との間に補助線を引くと、世界の見え方はどう変わるだろうか。この世の不思議をより深く問い続けるためのヒント。

545 哲学思考トレーニング　伊勢田哲治

哲学って素人には役立たず？　否、そこは使える知のツールの宝庫。屁理屈や権威にだまされず、筋の通った思考を自分の頭で一段ずつ積み上げてゆく技法を完全伝授！

695 哲学の誤読 ――入試現代文で哲学する！　入不二基義

哲学の文章を、答えを安易に求めるのではなく、思考の対話を重ねるように読み解いてみよう。入試問題の哲学文を「誤読」に着目しながら精読するユニークな入門書。

509 「おろかもの」の正義論　小林和之

凡愚たる私たちが、価値観の対立する他者との間に築きあげるべき「約束事としての正義」とは？　現代が突きつける倫理問題を自ら考え抜く力を養うための必読書！

716 衆生の倫理　石川忠司

われわれ現代人は、どうしてこんなにも道徳的に無能力なのか？　精神分析、ギリシア悲劇、幕末史、さらには禅にまで学びながら、ダメ人間のための倫理を探る。